LAFERS
WEIHNACHTSBÄCKEREI

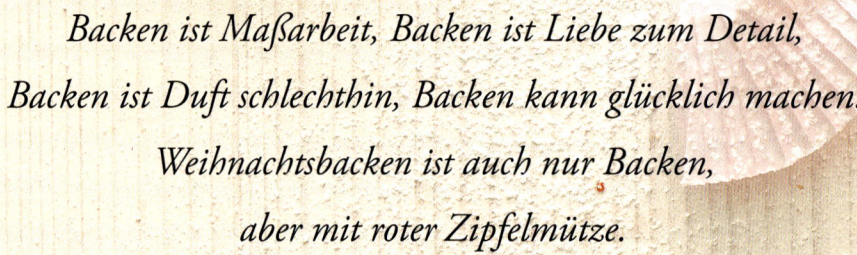

Backen ist Maßarbeit, Backen ist Liebe zum Detail,
Backen ist Duft schlechthin, Backen kann glücklich machen.
Weihnachtsbacken ist auch nur Backen,
aber mit roter Zipfelmütze.

Die Bäckerei zu Weihnachten ist so vielfältig wie
die Kultur des Abendlandes,
mit all ihren Völkern, Menschen und Geschichten.
Und sie ist für viele ein Luxus bei all dem Vorgefertigten,
das uns aus den Regalen entgegenlacht.
Lassen Sie uns einmal im Jahr im Luxus schwelgen!

Es macht Spaß.

LAFERS
WEIHNACHTSBÄCKEREI

INHALT

DAS GROSSE WARTEN

Viele sehnen sie alljährlich herbei, freuen sich auf liebgewordene Traditionen, Lichterglanz und gemütliche Abende. Wie schön, dass sie in schöner Regelmäßigkeit wiederkommt: Die Weihnachtszeit

Was Weihnachten heute ausmacht, in unserer sogenannten modernen Zeit muss natürlich jeder für sich selbst entscheiden. Mir macht es besondere Freude mich in dieser Zeit gedanklich und auch praktisch auf das Fest vorzubereiten. Weihnachten mit all' seinen Ritualen hat einen wichtigen Platz in meinem Leben und natürlich auch in meiner Passion: Dem Kochen und Backen!

Natürlich wird die Vorweihnachtszeit auch von unzähligen Terminen und nicht enden wollender Hektik bestimmt. Aber – es geht auch anders!

Nur ein bisschen Neugier ist von Nöten – und natürlich Eier, Mehl, Nüsse, Zucker, Schokolade, Vanille, Zimt und Koriander, Mut und Zutrauen, Geduld und Ausdauer, ein paar Werkzeuge, Geschmack und Freude am Backen. Ohne Letztere wird das nämlich nichts, da kann man sich noch so anstrengen.

Das erwartungsfrohe Lächeln auf den Lippen ist schon der halbe Weg zum bestmöglichen Ergebnis. Die zweite Hälfte kam dann früher von der Großmutter und heute von phantasievollen Rezepten, die einem den Spaß nicht verderben.

Ob nun Weihnachtsmann oder Christkind, ob im Schnee oder wieder einmal nur grün angestrichen, das Warten lohnt sich fast immer, und Weihnachten bleibt eine besondere Zeit. Es liegt an jedem selbst, das Beste daraus zu machen. Deshalb:

Lasst uns froh und spritzgebacken sein!

Johann Lafer

GEBÄCK
& PLÄTZCHEN

Hier noch ein Sternchen, dort ein Halbmond,
da ein Herz und noch eins und ein drittes.
Es ist wie Ostereier suchen,
nur an Weihnachten – und aus Teig.

„Nehmen Sie doch ein Plätzchen, es sind genug da!"
„Danke, aber ich setze mich dort drüben hin,
da ist das Gebäck besser."

SPITZBUBEN UND PASSIONSFRUCHT-KOKOS-STERNE

SPEKULATIUS

SCHOKOKEKSE MIT NOUGATFÜLLUNG

SPITZBUBEN

CA. 50 STÜCK,
CA. 1 STD. ZUBEREITEN + 2 STD. KÜHLEN +12 MIN. BACKEN

300 g	Mehl
100 g	geschälte gemahlene Mandeln
150 g	Puderzucker
1 Prise	Salz
1 Päckchen	Vanillezucker
200 g	Butter
1	Ei
200 g	Johannisbeergelee
	Puderzucker zum Bestäuben

1. Alle Zutaten bis auf das Johannisbeergelee zu einem glatten Teig verkneten. Den Teig in Folie wickeln und etwa 2 Stunden kühl stellen.

2. Den Ofen auf 180°C vorheizen. Den Teig auf einer bemehlten Arbeitsfläche etwa 3 mm dünn ausrollen. Mit einem Ausstecher Plätzchen ausstechen und diese nebeneinander auf ein mit Backpapier belegtes Backblech setzen. Aus der Hälfte der Plätzchen mit einem kleineren Ausstecher Sterne, Herzen, Halbmonde oder Löcher ausstechen. Plätzchen in 10–12 Minuten blassgelb backen.

3. Johannisbeergelee erwärmen und glatt rühren. Die Plätzchen ohne Loch mit dem Gelee bestreichen, je ein Plätzchen mit Loch daraufsetzen. Die Plätzchen mit Puderzucker bestäuben. Das übrige Johannisbeergelee in eine Spritztüte *(siehe Tipp Seite 91)* geben, in die „Löcher" spritzen und diese damit ausfüllen. Das Gelee wieder fest werden lassen.

PASSIONSFRUCHT-KOKOS-STERNE

CA. 30 STÜCK,
CA. 1 STD. ZUBEREITEN + 2 STD. KÜHLEN +12 MIN. BACKEN

200 g	Mehl
75 g	Puderzucker
1 Prise	Salz
1 TL	Rum-Aroma
	abgeriebene Schale von
½	Bio-Limette
125 g	Butter
1	Eigelb
100 g	flüssige weiße Kuvertüre
150 g	Kokosraspel
2	Passionsfrüchte
150 ml	Passionsfruchtsaft (Maracujasaft)
75 g	Gelierzucker 2:1

1. Mehl, Puderzucker, Salz, Rum-Aroma, Limettenschale, Butter und Eigelb zu einem Teig verkneten, in Folie wickeln und etwa 2 Stunden kühl stellen.

2. Den Ofen auf 180°C vorheizen. Den Teig auf einer bemehlten Arbeitsfläche etwa 3 mm dünn ausrollen. Mit einem Ausstecher Sterne ausstechen und diese nebeneinander auf ein mit Backpapier belegtes Backblech setzen. Aus der Hälfte der Plätzchen mit einem kleineren Ausstecher Löcher ausstechen. Die Plätzchen in 10–12 Minuten blassgelb backen.

3. Die Plätzchen mit Loch dünn mit flüssiger weißer Kuvertüre bestreichen, mit Kokosraspeln bestreuen und auf die Plätzchen ohne Loch setzen.

4. Die Passionsfrüchte halbieren, das Fruchtinnere herauskratzen und mit Saft und Gelierzucker etwa 4 Minuten sprudelnd kochen. Etwas abkühlen lassen und mit einem Teelöffel auf die Löcher verteilen. Auskühlen lassen.

SPEKULATIUS

CA. 40 STÜCK,
CA. 1 STD. ZUBEREITEN + 4 STD. KÜHLEN +15 MIN. BACKEN

200 g	weiche Butter
125 g	Puderzucker
1	Ei
350 g	Mehl
10 g	Spekulatiusgewürz
1 Prise	Salz

Außerdem:
Modeln

1. Die Butter schaumig schlagen. Den Puderzucker dazusieben und weiterschlagen, dann das Ei untermischen.

2. Das Mehl mit dem Spekulatiusgewürz mischen und mit Salz unter die schaumig geschlagene Butter rühren. Den Teig etwa 4 Stunden kalt stellen.

3. Den Ofen auf 180 °C vorheizen. Den Teig in kleine Portionen teilen und diese in geölte und mit Mehl bestäubte spezielle Modeln drücken. Mit einem Rollholz über den Teig rollen, anschließend vorsichtig auf ein mit Backpapier belegtes Backblech stürzen.

4. Die Spekulatius im heißen Ofen in etwa 15 Minuten goldbraun backen. Das Gebäck abkühlen lassen und die Ränder sauber nacharbeiten.

SCHOKOKEKSE MIT NOUGATFÜLLUNG

CA. 20 STÜCK,
CA. 45 MIN. ZUBEREITEN + 2 STD. KÜHLEN +10 MIN. BACKEN

75 g	kalte Butter
75 g	Marzipanrohmasse
	abgeriebene Schale von
½	Bio-Orange
Mark von 1	Vanilleschote
1 TL	Kakaopulver
100 g	Mehl
150 g	Nuss-Nougat
ca. 150 g	weiße Kuvertüre
10 g	Kokosfett

1. Die Butter mit Marzipan, Orangenschale und Vanillemark verkneten. Den Kakao mit dem Mehl mischen und mit der Marzipanmasse zu einem glatten Teig verarbeiten, in Folie wickeln und etwa 2 Stunden kalt stellen.

2. Den Ofen auf 180 °C vorheizen. Den Teig auf einer mit Mehl bestäubten Arbeitsfläche 2–3 mm dünn ausrollen und in etwa 3 cm große Quadrate schneiden.

3. Die Teigquadrate auf ein mit Backpapier belegtes Backblech legen und im heißen Ofen etwa 10 Minuten backen. Anschließend auskühlen lassen.

4. Nuss-Nougat geschmeidig rühren und mit einem Spritzbeutel auf eine Hälfte der Kekse verteilen. Je einen Keks daraufsetzen und etwas andrücken.

5. Die Kuvertüre klein hacken und mit dem Kokosfett in einer Schüssel über einem heißen Wasserbad schmelzen. Die Kekse schräg bis zur Mitte in die Kuvertüre tauchen, auf ein Blech legen und die Kuvertüre fest werden lassen.

ELISENLEBKUCHEN UND KOKOSMAKRONEN

ELISENLEBKUCHEN

CA. 40 STÜCK,
CA. 1 STD. ZUBEREITEN + 12 STD. KÜHLEN + 20 MIN. BACKEN

3	Eier
150 g	Zucker
50 g	Honig
Mark von 1	Vanilleschote
50 g	Mehl
150 g	klein gehackte Walnüsse
150 g	klein gehackte Haselnüsse
50 g	klein gewürfeltes Orangeat
50 g	klein gewürfeltes Zitronat
2 TL	Lebkuchengewürz
40–45	runde Backoblaten (etwa 5 cm Ø)
150 g	Zartbitterschokolade (70 %)

1. Die Eier mit Zucker, Honig und Vanillemark mit dem Handrührgerät etwa 5 Minuten schaumigsteif schlagen. Mehl, Nüsse, Orangeat, Zitronat und Lebkuchengewürz hinzufügen und untermischen. Teig zugedeckt im Kühlschrank über Nacht ruhen lassen.

2. Den Ofen auf 180 °C vorheizen. Die Oblaten auf ein mit Backpapier belegtes Backblech legen. Den Teig in einen Spritzbeutel mit großer Lochtülle füllen und auf die Oblaten spritzen. Die Lebkuchen im heißen Ofen in 15–20 Minuten goldbraun backen, dann auf einem Gitter auskühlen lassen.

3. Inzwischen die Schokolade klein hacken und in einer Schüssel über einem heißen Wasserbad schmelzen. Die Lebkuchen mit der Unterseite in die Schokolade tauchen, etwas abtropfen lassen, dann mit der Schokoseite auf ein mit Backpapier belegtes Blech setzen. Schokolade fest werden lassen.

Tipp. Das Gebäck in einer Blechdose aufbewahren und mit Backpapier abdecken. Einige Apfelschalen darauf verteilen. So bleiben die Lebkuchen weich und saftig. Nach etwa zehn Tagen haben die Lebkuchen die optimale Konsistenz.

KOKOSMAKRONEN

CA. 30 STÜCK,
CA. 1 STD. ZUBEREITEN + 15 MIN. BACKEN

120 g	Kokosraspel
250 g	Zucker
	abgeriebene Schale von
1	Bio-Zitrone
4	Eiweiß
20 g	Mehl
30	runde Backoblaten
	(4–5 cm Ø)
150 g	Zartbitterschokolade (70 %)
10 g	Kokosfett

1. Kokosraspel, Zucker, Zitronenschale und Eiweiße miteinander verrühren und in einer Schüssel über einem leicht kochenden Wasserbad auf etwa 70 °C erhitzen. Dann auf etwa 40 °C abkühlen lassen.

2. Den Ofen auf 160 °C vorheizen. Das Mehl unter die abgekühlte Makronenmasse rühren und den Teig in einen Spritzbeutel mit großer Lochtülle füllen. Kokosmasse auf die Backoblaten spritzen und diese auf ein mit Backpapier belegtes Backblech setzen. Im Ofen etwa 15 Minuten backen, nach 10 Minuten die Ofentür leicht öffnen.

3. Die Schokolade klein hacken und mit dem Kokosfett in einer Schüssel über einem heißen Wasserbad schmelzen. Die Makronen bis zur Mitte in die flüssige Schokolade tauchen, auf ein Gitter setzen und die Schokolade fest werden lassen.

Tipp. Die Makronen nach dem Eintauchen in die Schokolade mit Kokosraspeln bestreuen.

ZIMTSTERNE

Für den Teig:

350 g	geschälte gemahlene Mandeln
2 TL	Zimtpulver
2	Eiweiß
50 g	Mehl
100 g	Puderzucker

Für die Glasur:

200 g	Puderzucker
1 EL	Mehl
1	Eiweiß

1. 300 g Mandeln mit dem Zimt mischen. Eiweiße, Mehl und Puderzucker hinzufügen und alles zu einem Teig verkneten. Diesen etwa 2 Stunden in den Kühlschrank legen.

2. Für die Glasur Puderzucker und Mehl mischen. Das Eiweiß steif schlagen und die Puderzuckermischung nach und nach dazusieben und unterheben.

3. Den Teig zwischen zwei Stücken Folie etwa 1 cm dick ausrollen. Zwei Drittel der Glasur gleichmäßig dünn auf den Teig streichen. Den Ofen auf 170 °C vorheizen.

4. Mit einem Zimtstern-Ausstecher Sterne ausstechen. Dabei den Ausstecher immer wieder in heißes Wasser tauchen. Sterne auf ein mit Backpapier belegtes Blech legen und 10–15 Minuten im Ofen backen.

5. Inzwischen die Teigreste mit den übrigen Mandeln verkneten. Wieder ausrollen, mit übriger Glasur bestreichen, ausstechen und backen.

SCHOKOSTERNE MIT ROSA PFEFFER

Für den Teig:

50 g	Zartbitterschokolade (70 %)
100 g	Puderzucker
100 g	geschälte gemahlene Mandeln
100 g	gemahlene Haselnüsse
60 g	Marzipanrohmasse
50 g	Honig
1	Eiweiß
2–3 EL	Mehl
2 EL	Kakaopulver

Für die Glasur:

200 g	Puderzucker
1 EL	Mehl
1	Eiweiß
ca. 40 g	Rosa Pfeffer

1. Die Schokolade grob hacken, über einem heißen Wasserbad schmelzen und mit den übrigen Zutaten für den Teig verkneten. Den Teig in Folie gewickelt etwa 1 Stunde in den Kühlschrank legen. Dann auf einer mit Mehl bestäubten Arbeitsfläche etwa 1 cm dick ausrollen.

2. Für die Glasur Puderzucker und Mehl vermischen. Das Eiweiß steif schlagen, dabei nach und nach die gesiebte Puderzuckermischung hinzufügen. Zwei Drittel der Glasur gleichmäßig dünn auf den Teig streichen.

3. Den Ofen auf 170 °C vorheizen. Mit einem Zimtstern-Ausstecher Sterne ausstechen. Dabei den Ausstecher immer wieder in heißes Wasser tauchen. Sterne auf ein mit Backpapier belegtes Blech legen und mit zerriebenem Rosa Pfeffer gleichmäßig bestreuen. Die Sterne 10–15 Minuten im heißen Ofen backen.

4. Inzwischen aus den Teigresten weitere Schokosterne herstellen, bestreuen und backen.

ZIMTSTERNE UND SCHOKOSTERNE MIT ROSA PFEFFER

KNOPFKEKSE
Siehe Steps Seite 87

SCHWARZ-WEISS-GEBÄCK
Siehe Steps Seite 87

Exotisches im Weihnachtsgebäck?
Klar doch, man schmeckt den Orient, und da kommt Weihnachten schließlich her.

ERDNUSS-CURRY-BLÄTTER
Siehe Steps Seite 88

MOKKA-NUSS-BISKUITS

KNOPFKEKSE UND SCHWARZ-WEISS-GEBÄCK

CA. 80 STÜCK, CA. 1 STD. ZUBEREITEN +1 STD. KÜHLEN +14 MIN. BACKEN

Für den hellen Teig:

125 g	Butter
75 g	Puderzucker
1	Eigelb
1	Prise Salz
1	EL Vanillezucker
	abgeriebene Schale von
1	Bio-Zitrone
200 g	Mehl

Für den dunklen Teig:

125 g	Butter
75 g	Puderzucker
1	Eigelb
1	Prise Salz
1 EL	Kakaopulver
	abgeriebene Schale von
½	Bio-Orange
200 g	Mehl

1. Aus den angegebenen Zutaten je einen hellen und einen dunklen Teig kneten und in Folie gewickelt etwa 1 Stunde in den Kühlschrank legen.

2. Den Ofen auf 180 °C vorheizen. Für die Knopfkekse die Hälfte des hellen und dunklen Teigs auf einer mit Mehl bestäubten Arbeitsfläche etwa 3 mm dünn ausrollen. Unterschiedlich große Kreise ausstechen und auf ein mit Backpapier belegtes Backblech legen. Mit der abgerundeten Seite eines kleineren runden Ausstechers einen Ring in die Kekse drücken. Dann mithilfe einer kleinen runden Spritztülle in der Mitte 3–4 Löcher ausstechen *(siehe Seite 87)*.

3. Die Kekse im Ofen 12–14 Minuten backen und auf einem Kuchengitter auskühlen lassen.

4. Für das Schwarz-Weiß-Gebäck übrigen hellen und dunklen Teig auf einer mit Mehl bestäubten Arbeitsfläche etwa 3 mm dünn ausrollen. Mit einem gewellten oder sternförmigen Ausstecher Kreise oder Sterne ausstechen und auf ein mit Backpapier belegtes Backblech legen. Mit kleineren Ausstechern Herze oder Sterne ausstechen und je einen kleinen dunklen Keks in einen großen hellen Keks geben und umgekehrt *(siehe Seite 87)*. Die Kekse im heißen Ofen 12–14 Minuten backen und auf einem Kuchen-gitter auskühlen lassen.

ERDNUSS-CURRY-BLÄTTER

CA. 40 STÜCK,
CA. 30 MIN. ZUBEREITEN + 6 MIN. BACKEN

50 g	flüssige Butter
100 g	Puderzucker
100 g	Mehl
2 EL	Kakaopulver
2	Eiweiß
150 g	gesalzene Erdnüsse
ca. 2 EL	Madras-Currypulver

1. Die Butter mit Puderzucker, Mehl, Kakao und den Eiweißen zu einem glatten Teig verrühren. Die Erdnüsse klein hacken.

2. Den Ofen auf 180 °C vorheizen. Den Teig mithilfe einer Palette und einer Schablone zu gleichmäßig dünnen Kreisen von 6–8 cm Durchmesser auf ein mit einer Backmatte belegtes Blech streichen. Jeden Teigkreis mit gehackten Erdnüssen und mit je einer Prise Currypulver bestreuen. Die Kekse im heißen Ofen etwa 6 Minuten knusprig backen.

3. Das Gebäck aus dem Ofen nehmen, auskühlen lassen und vorsichtig mit einer Palette von der Matte lösen *(siehe Seite 88)*. Erdnuss-Curry-Blätter am besten in einer luftdicht verschließbaren Dose aufbewahren.

MOKKA-NUSS-BISKUITS

CA. 20 STÜCK,
CA. 45 MIN. ZUBEREITEN +12 MIN. BACKEN

100 g	Sahne
2–3 TL	Instant-Mokkapulver
100 g	Vollmilchschokolade
100 g	Zartbitterschokolade
75 g	weiche Butter
Mark von 1	Vanilleschote
100 g	Zucker
1	Eigelb
75 g	Mehl
50 g	gemahlene Haselnüsse
1 EL	Kakaopulver
½ TL	Backpulver

1. Für die Füllung die Sahne mit dem Mokkapulver aufkochen. Beide Schokoladen klein hacken, zur heißen Mokkasahne geben und darin schmelzen. Die Creme im Kühlschrank auskühlen lassen.

2. Inzwischen die weiche Butter mit Vanillemark und Zucker cremig schlagen. Das Eigelb unterrühren. Das Mehl mit Haselnüssen, Kakao und Backpulver mischen und unter die Buttercreme rühren.

3. Den Ofen auf 160 °C vorheizen. Aus dem Teig mit den Händen 40–50 traubengroße Kugeln formen, diese nebeneinander auf ein mit Backpapier belegtes Backblech setzen und etwas flach drücken. Biskuits im heißen Ofen 10–12 Minuten backen. Anschließend auskühlen lassen.

4. Die Mokka-Schokoladen-Sahne mit dem Handrührgerät cremig aufschlagen, in einen Spritzbeutel mit kleiner Sterntülle füllen und auf der Hälfte der Biskuits verteilen. Je ein Biskuit daraufsetzen.

SPEKULATIUS-SCHNECKEN

CA. 25 STÜCK, CA. 1 STD. ZUBEREITEN + 14 MIN. BACKEN

150 g   weiche Butter
250 g   Puderzucker
1   Eigelb
1 EL   Spekulatiusgewürz
1 Prise   Salz
100 g   Sahne
350 g   Mehl
nach Belieben etwa
75 g   flüssige Zartbitterschokolade
(70 %) zum Verzieren
200 g   Johannisbeerkonfitüre

1. Die Butter mit dem Puderzucker schaumig schlagen. Eigelb, Spekulatiusgewürz und Salz zugeben und unterrühren. Die Sahne handwarm erhitzen und nach und nach in die Buttermasse einrühren. Anschließend das Mehl unterrühren.

2. Den Ofen auf 200 °C vorheizen. Den Teig in einen Spritzbeutel mit kleiner Lochtülle füllen und auf ein mit Backpapier belegtes Blech 50–60 Schnecken spritzen. Diese im heißen Ofen in 12–14 Minuten goldbraun backen. Herausnehmen und abkühlen lassen.

3. Die Schnecken nach Belieben mit flüssiger Zartbitterschokolade verzieren.

4. Auf die Hälfte der Schnecken je etwas Marmelade verteilen. Die andere Hälfte der Schnecken daraufsetzen.

SPEKULATIUS-SCHNECKEN
Siehe Steps Seite 88

ANISSTERNE UND VANILLESTANGEN

ANISSTERNE

CA. 60 STÜCK,
CA. 30 MIN. ZUBEREITEN + 20 MIN. BACKEN

3 EL Anissamen
300 g Mehl
100 g Puderzucker
1 Ei
200 g weiche Butter

Außerdem:
Gebäckpresse mit Sternscheibe

1. Die Anissamen in einem Mixer in 1–2 Minuten möglichst fein zerkleinern und durch ein feines Sieb schütteln.

2. Den Ofen auf 180 °C vorheizen. Das Anispulver mit Mehl, Puderzucker, dem Ei und der weichen Butter zu einem glatten, geschmeidigen Teig verkneten.

3. Den Teig in eine spezielle Gebäckpresse mit Sternscheibe füllen und auf ein mit Backpapier belegtes Backblech Sterne spritzen.

4. Die Anissterne im heißen Ofen 15–20 Minuten goldbraun backen. Anschließend auskühlen lassen.

Tipp. Anstelle einer speziellen Gebäckpresse kann man auch einen Spritzbeutel mit großer Sterntülle nehmen.

VANILLESTANGEN

CA. 50 STÜCK,
CA. 30 MIN. ZUBEREITEN + 20 MIN. BACKEN

3 Vanilleschoten
275 g Mehl
2 EL Kakaopulver
100 g Puderzucker
1 Ei
200 g weiche Butter

1. Den Ofen auf 180 °C vorheizen. Die Vanilleschoten längs aufschneiden und das Mark herauskratzen. Das Vanillemark mit Mehl, Kakao, Puderzucker, dem Ei und der weichen Butter zu einem glatten, geschmeidigen Teig verkneten.

2. Den Teig in einen Spritzbeutel mit kleiner bis mittlerer Lochtülle füllen. Etwa 5 cm lange Stangen mit s-förmigen Enden auf ein mit Backpapier belegtes Backblech spritzen.

3. Die Vanillestangen im heißen Ofen 15–20 Minuten backen. Anschließend auskühlen lassen.

BLÄTTERTEIG-GEWÜRZ-SCHNECKEN

CA. 60 STÜCK, CA. 30 MIN. ZUBEREITEN +1 STD. KÜHLEN +10 MIN. BACKEN

150 g	Zucker
1 EL	Vanillezucker
1 TL	Zimtpulver
½ TL	Cayennepfeffer
½ TL	gemahlener Kardamom
400 g	aufgetauter TK-Blätterteig
100 g	flüssige Butter

1. Den Zucker mit Vanillezucker, Zimt, Cayennepfeffer und Kardamom mischen.

2. Den Blätterteig auf einer mit Mehl bestäubten Arbeitsfläche etwa 5 mm dünn ausrollen und zu einem etwa 20 x 30 cm großen Rechteck schneiden. Den Teig mit flüssiger Butter bestreichen und mit zwei Dritteln des Gewürzzuckers gleichmäßig bestreuen.

3. Den Blätterteig von der Schmalseite her zu einer Roulade aufrollen. Diese in Folie wickeln und etwa 1 Stunde ins Gefrierfach legen.

4. Den Ofen auf 200 °C vorheizen. Die Roulade aus dem Gefrierfach nehmen und mit einem scharfen Messer in etwa 3 mm dünne Scheiben schneiden.

5. Scheiben nebeneinander auf ein mit Backpapier belegtes Backblech legen. Einen zweiten Bogen Backpapier darauflegen, Blätterteigscheiben mit einem Rollholz etwas flach drücken. Ein zweites Backblech auf das Gebäck legen und die Schnecken im Ofen in 8–10 Minuten goldbraun und knusprig backen *(siehe Seite 88)*.

6. Die Schnecken mit etwas flüssiger Butter bestreichen und mit dem übrigen Gewürzzucker bestreuen.

BLÄTTERTEIG-GEWÜRZ-SCHNECKEN
Siehe Steps Seite 88

SCHOKO-MACADAMIANUSS-PLÄTZCHEN

KNUSPER-ZIMTSTANGEN
Siehe Steps Seite 87

GEWÜRZ-BAUMKUCHEN

HUSAREN-KRAPFERL

SCHOKO-MACADAMIA-NUSS-PLÄTZCHEN

CA. 60 STÜCK,
CA. 1 STD. ZUBEREITEN +1 STD. KÜHLEN +14 MIN. BACKEN

250 g	Butter
150 g	Zucker
1	Ei (Größe M)
400 g	Mehl
1 Prise	Salz
2 EL	Honig
2–3 EL	brauner Zucker
½ TL	Zimtpulver
ca. 60	Macadamianüsse (etwa 250 g)
150 g	Zartbitterschokolade (70 %)
150 g	weiße Kuvertüre
20 g	Kokosfett

1. Die Butter würfeln und mit Zucker, Ei, Mehl und Salz zu einem glatten Teig kneten. Teig in Folie wickeln und etwa 1 Stunde in den Kühlschrank legen.

2. Inzwischen den Honig mit braunem Zucker und Zimt in einer Pfanne erhitzen, die Nüsse dazugeben und hellbraun karamellisieren. Dann auf Backpapier flach verteilen und auskühlen lassen. Die aneinanderklebenden Nüsse trennen.

3. Den Ofen auf 180 °C vorheizen. Den Teig auf einer mit Mehl bestäubten Arbeitsfläche etwa 3 mm dünn ausrollen. Mit einem Ausstecher blütenförmige Plätzchen ausstechen und nebeneinander auf ein mit Backpapier belegtes Backblech legen. In die Mitte je eine Nuss drücken. Plätzchen im heißen Ofen 12–14 Minuten goldbraun backen. Anschließend abkühlen lassen.

4. Beide Schokoladen getrennt klein hacken und mit je 10 g Kokosfett in einer Schüssel über einem heißen Wasserbad schmelzen. Plätzchen an der Nuss anfassen, in die Schokolade tauchen und abtropfen lassen. Die Plätzchen auf ein Gitter setzen und die Schokolade fest werden lassen.

KNUSPER-ZIMTSTANGEN

CA. 40 STÜCK,
CA. 30 MIN. ZUBEREITEN + 8 MIN. BACKEN

100 g	weiche Butter
1 EL	Zimtpulver
50 g	Puderzucker
3	Eiweiß
1 Prise	Salz
50 g	Zucker
100 g	Mehl

1. Den Ofen auf 180 °C vorheizen. Die Butter mit Zimt und Puderzucker schaumig schlagen.

2. Die Eiweiße mit dem Salz steif schlagen. Dabei den Zucker einrieseln lassen. Den Eischnee abwechselnd mit dem Mehl unter die Buttermasse rühren.

3. Die Masse mit einer rechteckigen Schablone (etwa 6 x 12 cm) gleichmäßig dünn auf eine Backmatte streichen *(siehe Seite 87)*.

4. Die Backmatte auf ein Backblech legen und den Teig im heißen Ofen in 6 – 8 Minuten goldbraun backen.

5. Die Rechtecke sofort noch heiß von der breiten Seite um ein Holzstäbchen rollen. Auskühlen lassen und am besten luftdicht aufbewahren.

Tipp. Für dieses Gebäck bedarf es etwas Übung, da der Hippenteig sich nur heiß aufrollen lässt. Aber auch wenn das Gebäck nicht perfekt gerollt ist, schmecken tut es auf jeden Fall!

GEWÜRZ-BAUMKUCHEN

CA. 60 STÜCK,
CA. 1 STD. ZUBEREITEN + 30 MIN. BACKEN

150 g	Marzipanrohmasse
75 ml	Milch
6	Eier
200 g	weiche Butter
100 g	Puderzucker
1 EL	Lebkuchengewürz
2 Prisen	Salz
100 g	Zucker
100 g	Mehl
50 g	Speisestärke
250 g	Aprikosenkonfitüre
Saft von 1	Zitrone
ca. 80 g	gehackte Pistazien zum Bestreuen

1. Das Marzipan klein würfeln, mit Milch leicht erwärmen und glatt rühren. Eier trennen. Die Butter mit Puderzucker, Lebkuchengewürz und einer Prise Salz schaumig schlagen. Nach und nach die Eigelbe unterrühren, dann das Marzipan untermischen.

2. Die Eiweiße mit einer Prise Salz steif schlagen. Dabei langsam den Zucker einrieseln lassen. Ein Drittel davon unter den Teig heben. Mehl und Speisestärke mischen, die Hälfte unter den Teig rühren. Restlichen Eischnee und restliche Mehl-Stärke-Mischung vorsichtig unterheben.

3. Den Backofengrill anstellen. Eine dünne Teigschicht gleichmäßig in eine mit Backpapier ausgelegte Form (etwa 15 x 25 cm) streichen und unter dem Grill etwa 1 Minute goldbraun backen. Danach die nächste dünne Teigschicht einfüllen und backen. Auf diese Weise verfahren, bis der Teig aufgebraucht ist. Dann den Baumkuchen zugedeckt 5 Minuten bei 160 °C backen. Abkühlen lassen.

4. Die Konfitüre mit dem Zitronensaft aufkochen. Den Baumkuchen in etwa 60 Dreiecke schneiden und durch die flüssige Konfitüre ziehen. Stücke auf einem Gitter abtropfen lassen und mit Pistazien bestreuen.

HUSAREN-KRAPFERL

CA. 40 STÜCK,
CA. 1 STD. ZUBEREITEN + 2 STD. KÜHLEN +14 MIN. BACKEN

175 g	weiche Butter
100 g	Puderzucker
	Saft und Schale von
1	Bio-Zitrone
4	Eigelb
1	Ei
200 g	Mehl
100 g	geschälte gemahlene Mandeln
ca. 125 g	Johannisbeergelee
	Puderzucker zum Bestäuben

1. Die Butter mit dem Puderzucker schaumig schlagen. Zitronensaft und -schale unterrühren, dann nach und nach die Eigelbe und das Ei untermischen. Mehl und Mandeln dazugeben und unterrühren. Den Teig zugedeckt etwa 2 Stunden kalt stellen.

2. Den Ofen auf 160 °C vorheizen. Das Johannisbeergelee glatt rühren und in eine Papierspritztüte *(siehe Seite 91)* füllen. Aus dem Teig walnussgroße Kugeln formen und diese mit etwas Abstand zueinander auf ein mit Backpapier belegtes Backblech legen. Mit einem Holzlöffelstiel Vertiefungen in die Teigkugeln drücken und diese mit Johannisbeergelee füllen.

3. Die Husaren-Krapferl im heißen Ofen etwa 14 Minuten backen. Anschließend abkühlen lassen und mit Puderzucker bestäuben.

„Eis-Kristalle"
Siehe Steps Seite 89

„EIS-KRISTALLE"

CA. 30 STÜCK, CA. 1 STD. ZUBEREITEN +1 STD. KÜHLEN +15 MIN. BACKEN

1. Für den Teig das Mehl mit Mandeln, Puderzucker, Salz, Butter und Eigelb vermischen und zu einem glatten Teig kneten. Den Teig in Folie gewickelt etwa 1 Stunde in den Kühlschrank legen.

2. Den Ofen auf 180 °C vorheizen. Den Teig auf einer mit Mehl bestäubten Arbeitsfläche etwa 3 mm dünn ausrollen. Mit speziellen Ausstechern verschiedene „Eis-Kristalle" ausstechen und nebeneinander auf ein mit Backpapier belegtes Backblech legen. Die Plätzchen im heißen Ofen in etwa 15 Minuten goldbraun backen. Anschließend auf einem Gitter abkühlen lassen.

3. Den Puderzucker mit Zitronensaft zu einem dickflüssigen Guss verrühren. Diesen in eine Papierspritztüte *(siehe Seite 91)* füllen und die Plätzchen mit dem Guss verzieren. Dazu eine gleichmäßig dünne Schicht aufspritzen.

4. Die Eisbonbons in einen Mixer geben und zu feinem Pulver zermahlen. Dieses mithilfe eines Siebs gleichmäßig (etwa 1 mm dünn) auf ein mit Backpapier belegtes Backblech streuen und unter dem heißen Backofengrill in etwa 20 Sekunden schmelzen lassen. Blech aus dem Ofen nehmen und das geschmolzene Bonbonpulver auskühlen lassen. Vom Papier lösen und in kleine Stücke brechen. Die Stückchen auf den Plätzchen verteilen.

Für den Teig:

150 g	Mehl
50 g	geschälte gemahlene Mandeln
50 g	Puderzucker
1 Prise	Salz
100 g	Butter
1	Eigelb

Außerdem:

150 g	Puderzucker
Saft von ½	Zitrone
ca. 150 g	Eisbonbons (z. B. von Storck)

HASELNUSS- UND KOKOS-SCHOKO-MACARONS

CA. 30 STÜCK, CA. 1 STD. ZUBEREITEN +15 MIN. BACKEN

100 g	Sahne
50 g	Butter
50 g	Zucker
150 g	Zartbitterschokolade (70 %)
125 g	geschälte gemahlene Mandeln
210 g	Puderzucker
3	Eiweiß (100 g)
30 g	Zucker
1 EL	Kakaopulver
ca. 30 g	gehackte Haselnüsse
ca. 30 g	Kokosraspel

1. Die Sahne mit Butter und Zucker in einem Topf aufkochen und vom Herd ziehen. Die Schokolade hacken, nach und nach dazugeben und darin schmelzen. Schokocreme auskühlen lassen.

2. Inzwischen den Ofen auf 160 °C vorheizen. Die Mandeln mit dem Puderzucker im Mixer fein mahlen und die Mischung durch ein feines Sieb schütteln. Die Eiweiße mit dem Zucker steif schlagen. Mandelmischung nach und nach vorsichtig unter den Eischnee heben. Die Masse halbieren. Eine Hälfte mit Kakao verrühren, in einen Spritzbeutel mit kleiner Lochtülle füllen und in kleinen Tupfen (etwa 2,5 cm Durchmesser) auf ein mit Backpapier belegtes Backblech spritzen. Teigtupfen mit gehackten Haselnüssen bestreuen und etwa 30 Minuten antrocknen lassen.

3. Die andere Hälfte ebenfalls mit einem Spritzbeutel in kleinen Tupfen (etwa 2,5 cm Durchmesser) auf ein Backblech spritzen, mit Kokosraspeln bestreuen und antrocknen lassen. Die Bleche in den Ofen schieben und die Macarons etwa 15 Minuten backen. Anschließend herausnehmen und auf dem Blech auskühlen lassen. Die Macarons vom Backpapier lösen.

4. Die kalte Schokocreme mit einem Handrührgerät cremig aufschlagen und in einen Spritzbeutel mit kleiner Lochtülle umfüllen. Creme auf der Hälfte der Macarons verteilen. Übrige Macarons darauflegen und leicht andrücken. Das Gebäck am besten in einer luftdicht verschließbaren Dose aufbewahren.

HASELNUSS- UND KOKOS-SCHOKO-MACARONS

CHILI-ZIMT-KIPFERL UND VANILLEKIPFERL

CHILI-ZIMT-KIPFERL

CA. 30 STÜCK,
CA. 45 MIN. ZUBEREITEN + 2 STD. KÜHLEN + 15 MIN. BACKEN

25 g geschälte gemahlene Mandeln
25 g fein gemahlene Haselnüsse
1 gestrichener TL getrocknete Chiliflocken
125 g Mehl
50 g Puderzucker
1 TL Zimtpulver
100 g Butter
1 Eigelb
1 Prise Salz
ca. 100 g Kakaopulver zum Wälzen

1. Mandeln und Haselnüsse in einer Pfanne goldbraun rösten und abkühlen lassen. Die Chiliflocken im Mörser fein mahlen. Mandeln und Haselnüsse mit Mehl, Puderzucker, Zimt und gemahlenen Chiliflocken mischen.

2. Diese Mischung mit Butter, Eigelb und Salz zu einem glatten Teig kneten. In Folie wickeln und 1–2 Stunden kalt stellen.

3. Aus dem Teig etwa 30 Kugeln rollen und diese zu dünnen Kipferln formen.

4. Den Ofen auf 160 °C vorheizen. Kipferl nebeneinander auf ein mit Backpapier belegtes Backblech setzen und nochmals 30 Minuten kalt stellen. Kipferl im Ofen etwa 15 Minuten backen. Anschließend in Kakaopulver wälzen.

VANILLEKIPFERL

CA. 30 STÜCK,
CA. 45 MIN. ZUBEREITEN + 12 STD. KÜHLEN + 15 MIN. BACKEN

50 g geschälte gemahlene Mandeln
2 Vanilleschoten
100 g kalte Butter
50 g Puderzucker
1 Prise Salz
1 Eigelb
125 g Mehl
150 g Puderzucker

1. Die Mandeln in einer Pfanne unter regelmäßigem Wenden goldbraun rösten, anschließend auskühlen lassen. Die Vanilleschoten aufschneiden und das Mark herauskratzen. Ausgekratzte Schoten beiseitelegen.

2. Die gerösteten Mandeln mit Butter, Puderzucker, Salz, Eigelb, Vanillemark und Mehl rasch zu einem glatten Teig kneten. Diesen in Folie gewickelt über Nacht kühl stellen. Die ausgekratzten Vanilleschoten mit dem Puderzucker in einem Glas mischen und das Glas fest verschließen. Der Puderzucker nimmt bis zum nächsten Tag ein feines Vanillearoma an.

3. Den Ofen auf 160 °C vorheizen. Den Teig zuerst zu Rollen formen und dann in walnussgroße Stücke teilen. Diese zu schmalen Kipferl formen und auf ein mit Backpapier belegtes Blech setzen und nochmals 30 Minuten kalt stellen. Kipferl im heißen Ofen in etwa 15 Minuten blassgelb backen.

4. Die Kipferl nach dem Backen sofort im Vanillezucker wenden.

KUCHEN
& TORTEN

Noch vor 150 Jahren war eine Torte (ital. torta)

etwas Herzhaftes in der Art einer Pastete und nicht gerade süß.

Das hat sich gründlich geändert.

Eine selbstgemachte Torte ist immer etwas Außergewöhnliches.

Weihnachten auch – und nur einmal im Jahr.

WEIHNACHTLICHE RUMFRÜCHTE-TORTE

APFEL-MANDEL-MUFFINS MIT ZIMTGUSS

LINZER TORTE

WEIHNACHTLICHE RUMFRÜCHTE-TORTE

CA. 12 STÜCK, CA. 1 STD. 30 MIN. ZUBEREITEN + 12 STD. MARINIEREN + 25 MIN. BACKEN + 30 MIN. KÜHLEN

Für die Rumfrüchte:

2	Orangen
1	Mandarine
1	reife Birne oder 2 Pflaumen
250 g	gemischte frische Beeren,
	z. B. Himbeeren,
	Heidelbeeren,
	Brombeeren
	(ersatzweise TK-Beeren)
100 g	Puderzucker
100 ml	Rum

Für den Biskuit:

3	Eier (Größe M)
75 g	Zucker
60 g	Mehl
1 TL	Backpulver
20 g	Kakaopulver

Für die Creme:

2 Blatt	Gelatine
2	Eiweiß
75 g	Zucker
250 g	zimmerwarmer Mascarpone
1 EL	Spekulatiusgewürz

Außerdem:

1	Springform (21 cm Ø)

1. Das Obst schälen und filetieren bzw. in Stücke schneiden. Die Beeren waschen und alle Früchte in eine Schüssel geben. Den Puderzucker mit 100 ml Wasser aufkochen, den Rum unterrühren, die heiße Mischung über die Früchte gießen und über Nacht marinieren.

2. Den Ofen auf 180 °C vorheizen. Für den Biskuit Eier mit Zucker in einer Schüssel etwa 5 Minuten mit dem Handrührgerät schaumig schlagen. Mehl mit Backpulver und Kakao mischen und unter den Eischaum heben. Den Teig in die gefettete Springform füllen und im heißen Ofen etwa 25 Minuten backen. Anschließend auskühlen lassen, aus der Form lösen und einmal quer durchschneiden.

3. Inzwischen für die Creme die Gelatine etwa 3 Minuten in kaltem Wasser einweichen, ausdrücken und in 3 EL erwärmter Rum-Marinade auflösen. Die Eiweiße steif schlagen, dabei langsam den Zucker einrieseln lassen. Den Mascarpone mit aufgelöster Gelatinemischung und Spekulatiusgewürz glatt rühren. Den Eischnee behutsam unterheben.

4. Die Biskuithälften gleichmäßig mit Rum-Marinade beträufeln und dick mit der Mascarpone-Creme bestreichen. Die Früchte darauf verteilen, beide Hälften aufeinandersetzen und etwa 30 Minuten kalt stellen.

APFEL-MANDEL-MUFFINS MIT ZIMTGUSS

12 STÜCK,
CA. 45 MIN. ZUBEREITEN + 30 MIN. BACKEN

3 EL	Calvados
50 g	Rosinen
2	Äpfel (z. B. Cox Orange)
50 g	grob gehackte Mandeln
50 g	Butter
2	Eier (Größe M)
100 g	Zucker
200 ml	Milch
100 g	Sonnenblumenöl
1 Prise	Salz
250 g	Mehl
1 TL	Backpulver
Saft von ½	Zitrone
150 g	Puderzucker
2 TL	Zimtpulver

Außerdem:

1	Muffinblech mit 12 Mulden
12	Papierförmchen

1. Calvados erhitzen und die Rosinen darin einweichen. Äpfel schälen und Kerngehäuse ausstechen. Äpfel klein würfeln und mit den Mandeln in einer Pfanne in zerlassener Butter goldbraun braten. Papierförmchen in die Mulden des Muffinblechs setzen.

2. In einer großen Schüssel Eier, Zucker, Milch, Öl und Salz verrühren. Mehl mit Backpulver mischen, darübersieben und locker mit einem Löffel unterheben.

3. Den Ofen auf 200 °C vorheizen. Gebratene Apfel-Mandel-Mischung und die Rosinen unter den Teig heben. Teig auf die Papierförmchen verteilen und im heißen Ofen in 25–30 Minuten goldbraun backen. Herausnehmen und auf einem Kuchengitter abkühlen lassen. Zitronensaft mit Puderzucker und Zimt verrühren, den Guss auf die Muffins verteilen und antrocknen lassen.

LINZER TORTE

8–12 STÜCK,
CA. 45 MIN. ZUBEREITEN +1 STD. KÜHLEN +40 MIN. BACKEN

75 g	geschälte gemahlene Mandeln
125 g	kalte Butter
150 g	Mehl
100 g	Puderzucker
1	Eigelb
	abgeriebene Schale von
½	Bio-Zitrone
1 Msp.	Zimtpulver
1 Msp.	Nelkenpulver
1 Prise	Salz
250 g	Himbeerkonfitüre
	Puderzucker zum Bestäuben

Außerdem:

1	Springform (21 cm Ø)

1. Die Mandeln in einer Pfanne unter ständigem Rühren goldbraun rösten und abkühlen lassen. Die abgekühlten Mandeln mit Butter, Mehl, Puderzucker, Eigelb, Zitronenschale und den Gewürzen rasch zu einem glatten Teig kneten, in Folie wickeln und etwa 1 Stunde kalt stellen.

2. Für die Teigdecke den Teig etwa 3 mm dünn ausrollen, einen 22 cm großen Kreis ausschneiden und mit verschieden großen Ausstechern Sterne oder Ähnliches ausstechen.

3. Den Ofen auf 180 °C vorheizen. Den restlichen Teig zusammenkneten und etwa ½ cm dick ausrollen. Eine gebutterte und mit Mehl ausgestäubte Springform mit dem Teig auslegen. Himbeerkonfitüre gleichmäßig auf den Teigboden streichen.

4. Die Teigdecke vorsichtig auf die Konfitüre legen. Die Ränder von Teigdecke und -boden zusammendrücken. Torte im heißen Ofen 35–40 Minuten backen, auskühlen lassen und mit Puderzucker bestäuben.

Sagen Sie mal „Frohe Weihnacht" mit vollem Mund!
Schmeckt gut, oder?

FROHE-WEIHNACHT-TORTE

FROHE-WEIHNACHT-TORTE
Siehe Steps Seite 91

FROHE-WEIHNACHT-TORTE

12–14 STÜCK, CA. 1 STD. 30 MIN. ZUBEREITEN + 12 MIN. BACKEN + 2 STD. KÜHLEN

1. Den Ofen auf 180 °C vorheizen. Für den Biskuit Eier und Zucker in einer Schüssel mit dem Handrührgerät etwa 5 Minuten schaumig schlagen. Mehl, Haselnüsse und Kakao unterheben. Teig auf ein mit Backpapier belegtes Backblech (etwa 20 x 30 cm) gießen, glatt streichen und im heißen Ofen etwa 12 Minuten backen. Abkühlen lassen, Backpapier entfernen, Biskuit in zwei lange Streifen von der Größe der Form schneiden. Birnengeist mit 1 EL Wasser und Puderzucker mischen und daraufträufeln.

2. Für die Mousse Birnen schälen, vierteln, Kerngehäuse herausschneiden. Birnen würfeln und mit Zucker, Wein, Butter und Zitronensaft in einem Topf offen bei mittlerer Hitze etwa 20 Minuten unter gelegentlichem Rühren köcheln lassen.

3. Die Gelatine 5 Minuten in kaltem Wasser einweichen, ausdrücken und im warmen Birnenkompott auflösen. Kompott in einen Mixer geben und fein pürieren, in eine Schüssel umfüllen und im Kühlschrank vollständig auskühlen lassen.

4. Die Form (ersatzweise eine Rehrückenform) mit Folie auskleiden. Die Eiweiße mit Salz sehr steif schlagen. Eischnee und geschlagene Sahne behutsam unter die Birnencreme heben. Die Hälfte der Mousse in die Form füllen. Einen Biskuit darauflegen. Übrige Mousse darauf verteilen und mit dem zweiten Biskuit belegen. Form etwa 1 Stunde ins Gefrierfach stellen.

5. Inzwischen die rote Gelatine in kaltem Wasser einweichen. Glühwein mit Zucker aufkochen. Speisestärke mit 1–2 EL kaltem Wasser anrühren und den Glühwein damit binden. Gelatine ausdrücken und darin auflösen. Abkühlen lassen. Torte aus der Form auf ein Gitter stürzen, Folie abziehen. Gitter auf ein Blech stellen. Torte gleichmäßig mit dem abgekühlten Glühwein übergießen. Diesen Vorgang ein- bis zweimal wiederholen. Dafür den Guss vom Blech auffangen. Die Torte zwischendurch einige Minuten kalt stellen.

6. Nach Belieben die Torte zum Schluss mit beschrifteten Schokotäfelchen *(siehe Seite 91)* verzieren und mit Goldflocken bestreuen.

Für den Biskuit:

3	Eier (Größe M)
75 g	Zucker
60 g	Mehl
50 g	gemahlene Haselnüsse
1 EL	Kakaopulver
2–3 El	Birnengeist
2 EL	Puderzucker

Für die Mousse:

3	reife Birnen
100 g	Zucker
200 ml	Weißwein
75 g	Butter
Saft von 1	Zitrone
3 Blatt	Gelatine
2	Eiweiß
1 Prise	Salz
150 g	cremig-steif geschlagene Sahne

Außerdem:

3 Blatt	rote Gelatine
350 ml	guter Glühwein
100 g	Zucker
1 EL	Speisestärke
1	halbrunde Backform (ca. 30 cm lang und 10 cm breit)

WEIHNACHTSSTOLLEN

CA. 20 STÜCK, CA. 1 STD. ZUBEREITEN + 2 STD. GEHEN +1 STD. BACKEN

Für den Teig:

450 g	Mehl
1 Würfel	Hefe (42 g)
2 EL	Zucker
120 ml	lauwarme Milch
150 g	Rosinen
2 EL	Rum
120 g	flüssige Butter
5	Eigelb
100 g	grob gehackte Mandeln
50 g	fein gewürfeltes Zitronat
50 g	fein gewürfeltes Orangeat
1	Päckchen Vanillezucker
½ TL	Salz
	abgeriebene Schale von
1	Bio-Zitrone

Außerdem:

1	Stollenform (ca. 38 cm lang)
100 g	flüssige Butter zum Bestreichen
100 g	Puderzucker zum Bestäuben

1. Das Mehl in eine große Schüssel sieben. In einer kleinen Schüssel die Hefe mit dem Zucker in der Milch auflösen. 5 EL Mehl unterrühren. Diesen Vorteig zugedeckt an einem warmen Ort etwa 20 Minuten gehen lassen.

2. Inzwischen die Rosinen mit Rum marinieren. Flüssige Butter, Vorteig, Eigelbe, Mandeln, marinierte Rosinen, Zitronat und Orangeat sowie Vanillezucker, Salz und Zitronenschale zum Mehl in die Schüssel geben und alles zu einem geschmeidigen glatten Teig verkneten. Diesen zugedeckt an einem warmen Ort zu doppelter Größe aufgehen lassen.

3. Inzwischen die Stollenform mit etwas flüssiger Butter auspinseln und mit Mehl ausstäuben. Den aufgegangenen Teig durchkneten, in die Form legen und zugedeckt nochmals etwa 30 Minuten an einem warmen Ort gehen lassen.

4. Den Ofen auf 180 °C vorheizen. Stollen in der Form umgedreht auf ein Backblech mit Backpapier legen und im heißen Ofen etwa 40 Minuten backen. Die Form abheben und den Stollen weitere 20–30 Minuten backen.

5. Den fertigen Stollen aus dem Ofen nehmen und sofort mit flüssiger Butter bepinseln. Sobald die Butter aufgesogen ist, erneut bestreichen, bis alle Butter aufgebraucht ist. Dann gleichmäßig dick mit Puderzucker bestäuben und auskühlen lassen. Stollen in Folie wickeln und 2–4 Wochen ruhen lassen.

WEIHNACHTSSTOLLEN

SCHOKOLADEN-WEIHNACHTSPUDDING

SCHOKOLADEN-WEIHNACHTSPUDDING

CA. 6 STÜCK, CA. 45 MIN. ZUBEREITEN + 2 STD. GAREN

1. Das Dörr-Obst mit 150 ml kochendem Wasser mischen und 15 Minuten ziehen lassen. Anschließend das eingeweichte Obst mit einem Pürierstab fein pürieren und auskühlen lassen.

2. Die Schokolade klein hacken und in einer Schüssel über einem heißen Wasserbad schmelzen. Weiche Butter, Vanillemark und Zucker mit dem Handrührgerät einige Minuten verrühren. Nach und nach die Eier zugeben und untermixen. Danach Mehl, Backpulver, Kakao, Früchtepüree und flüssige Schokolade untermischen.

3. Den Teig in eine gefettete Puddingform füllen, diese verschließen und bis zum Rand in ein leicht köchelndes Wasserbad stellen. Den Pudding etwa 2 Stunden im Wasserbad garen.

4. Inzwischen für die Soße die Milch mit Sahne, Zucker und Orangensaft aufkochen, Topf vom Herd ziehen. Beide Sorten Schokolade klein hacken und nach und nach unter die Flüssigkeit rühren. Die Soße nach Belieben mit Whiskey oder Orangenlikör aromatisieren.

5. Den gegarten Pudding 10–15 Minuten stehen lassen, stürzen und mit der Schokoladensoße übergießen.

Für den Pudding:

150 g	Dörr-Obst (z. B. Pflaumen, Datteln, Aprikosen)
100 g	Zartbitterschokolade (70 %)
50 g	weiche Butter
Mark von 1	Vanilleschote
150 g	brauner Zucker
4 Eier	(Größe M)
100 g	Mehl
1 TL	Backpulver
1–2 EL	Kakaopulver

Für die Soße:

100 ml	Milch
100 g	Sahne
50 g	Zucker
Saft von 1	Orange
100 g	Zartbitterschokolade (70 %)
50 g	Vollmilchschokolade
nach Belieben:	
2 EL	Whiskey oder Orangenlikör (z. B. Grand Marnier)

Außerdem:

1	Puddingform (1 l Inhalt)

HASELNUSS-BROWNIES MIT PUNSCH-BIRNEN

CA. 9 STÜCK, CA. 45 MIN ZUBEREITEN + 12 STD. KÜHLEN + 25 MIN. BACKEN

9	kleine Birnen
400 ml	Rotwein
	Saft und Schale von
1	Bio-Orange
100 g	Zucker
3–4 EL	Rum
1	aufgeschnittene Vanilleschote
2–3	Sternanis
3	Kardamomkapseln
2	Zimtstangen
100 g	Nuss-Nougat
75 g	Butter
3	Eier (Größe M)
75 g	Puderzucker
1	Prise Salz
50 g	Crème fraîche
50 g	Mehl
1 TL	Backpulver
80 g	fein gemahlene Haselnüsse
	Puderzucker zum Bestäuben

1. Die Birnen schälen. Den Rotwein mit Orangensaft und -schale sowie Zucker, Rum und den Gewürzen aufkochen. Birnen in den Sud geben und bei mittlerer Hitze etwa 15 Minuten pochieren. Topf vom Herd ziehen, Birnen im Sud am besten über Nacht im Kühlschrank durchziehen lassen.

2. Den Ofen auf 180 °C vorheizen. Ein tiefes Backblech (etwa 20 x 20 cm) mit Backpapier auslegen. Nuss-Nougat mit der Butter in einer Schüssel über einem heißen Wasserbad schmelzen.

3. Eier mit Puderzucker und Salz mit dem Handrührgerät in etwa 5 Minuten cremig-schaumig schlagen. Dann zuerst die Crème fraîche, dann die flüssige Nuss-Nougat-Butter unterrühren. Mehl mit Backpulver und Haselnüssen mischen und unterheben. Den Teig in das Backblech gießen, die Punsch-Birnen hineinsetzen. Die Brownies im heißen Ofen etwa 25 Minuten backen, dann abkühlen lassen. Kuchen zwischen den einzelnen Birnen in Stücke schneiden und mit Puderzucker bestäuben.

Tipp. Wenn Sie keine kleinen Birnen bekommen, schneiden Sie drei mittelgroße geschälte und entkernte Birnen in Würfel und dünsten diese im Punsch. Ausgekühlte Birnenwürfel unter den Teig mischen und wie beschrieben backen.

HASELNUSS-BROWNIES MIT PUNSCH-BIRNEN

DONUT-STERNE MIT GEWÜRZSTREUSELN

DONUT-STERNE
MIT GEWÜRZSTREUSELN

CA. 20 STÜCK, CA. 1 STD. 30 MIN. ZUBEREITEN

1. Für die Streusel den Ofen auf 200 °C vorheizen. Mehl mit Zucker, Vanillezucker, Butter und Spekulatiusgewürz zu Streuseln verkneten. Diese auf ein mit Backpapier belegtes Backblech verteilen und im Ofen in 6–8 Minuten goldbraun backen. Anschließend auskühlen lassen.

2. Inzwischen für die Donuts das Mehl mit Backpulver mischen. Butter mit Zucker cremig rühren. Zuerst das Ei und die Milch unterrühren, dann die Mehlmischung zugeben und alles zu einem glatten Teig verkneten.

3. Den Teig auf einer mit Mehl bestäubten Arbeitsfläche etwa 1 cm dick ausrollen. Aus dem Teig 5–6 cm große Sterne ausstechen. Dann mit einem kleineren Ausstecher jeweils ein Loch in der Mitte ausstechen. Teigreste verkneten und zu weiteren Donuts verarbeiten.

4. Das Öl auf etwa 170 °C erhitzen. Teigsterne portionsweise auf jeder Seite knapp 1 Minute in heißem Frittieröl ausbacken. Danach auf Küchenpapier abtropfen lassen.

5. Schokolade und Kuvertüre getrennt klein hacken und mit je 10 g Kokosfett in einer Schüssel über einem heißen Wasserbad schmelzen. Donuts in die Schokolade oder Kuvertüre tauchen, etwas abtropfen lassen, Donuts auf ein Gitter setzen und die Streusel sofort daraufstreuen.

Für die Streusel:

100 g	Mehl
50 g	Zucker
1 EL	Vanillezucker
50 g	kalte Butter
1 EL	Spekulatiusgewürz

Für die Donuts:

300 g	Mehl
1 EL	Backpulver
50 g	weiche Butter
50 g	Zucker
1	Ei
100 ml	Milch

Außerdem:

etwa ½ l	Öl zum Frittieren
150 g	Zartbitterschokolade (70 %)
150 g	weiße Kuvertüre
20 g	Kokosfett

Bratapfel-Krapfen

CA. 25 STÜCK, CA. 1 STD. 30 MIN. ZUBEREITEN + 4 STD. MARINIEREN + 25 MIN. BACKEN

Für die Füllung:

3	EL Rum
3	EL Zucker
50 g	Rosinen
2	Äpfel
50 g	geschälte Mandeln
50 g	Butter

Für den Teig:

1 Würfel	Hefe (42 g)
100 ml	lauwarme Milch
500 g	Mehl
2	Eier (Größe M)
2	Eigelb
50 g	Zucker
Mark von 1	Vanilleschote
50 g	weiche Butter

Außerdem:

etwa ½ l	Öl zum Frittieren
450 g	Puderzucker
Saft von 1	Zitrone
	gelbe, grüne und rote Lebensmittelfarbe

1. Den Rum mit 1 EL Zucker erhitzen, Rosinen darin etwa 4 Stunden marinieren. Äpfel schälen, das Kerngehäuse herausschneiden und das Fruchtfleisch klein würfeln. Mandeln grob hacken. Beides in zerlassener Butter in einer Pfanne bräunen. Dabei mit restlichem Zucker bestreuen und die Äpfel und Mandeln karamellisieren. Marinierte Rosinen zugeben, alles abkühlen lassen.

2. Die Hefe in die Milch bröckeln und darin auflösen. 150 g Mehl zugeben und alles zu einem geschmeidigen Vorteig verkneten. Diesen zugedeckt 20 Minuten gehen lassen. Eier, Eigelbe und Zucker mit einem Handrührgerät schaumig schlagen. Übriges Mehl und den Vorteig zugeben und mit Vanillemark und Butter zu einem glatten Teig kneten. Zugedeckt etwa 30 Minuten gehen lassen.

3. Den Teig auf einer mit Mehl bestäubten Arbeitsfläche etwa 1 cm dick ausrollen. Dann 5–6 cm große Kreise ausstechen. Auf jeden Teigkreis etwa 1 EL Bratapfelmischung geben. Teig über der Füllung fest zusammendrücken und zu kleinen Kugeln formen. Diese auf ein mit Mehl bestäubtes Küchentuch legen. Mit einem zweiten Tuch abdecken und etwa 20 Minuten gehen lassen.

4. Das Öl auf etwa 170 °C erhitzen. Teigkugeln portionsweise im heißen Öl etwa 1 Minute zugedeckt frittieren. Dann mit zwei Holzspießen wenden und von der anderen Seite ebenfalls 1 Minute backen. Krapfen herausheben und auf Küchenpapier abtropfen lassen.

5. Je 150 g Puderzucker mit etwas Zitronensaft und einer Farbe zu einem dickflüssigen Guss verrühren. Krapfen mit gelbem, rotem und etwas grünem Zuckerguss bestreichen und antrocknen lassen.

BRATAPFEL-KRAPFEN
Siehe Steps Seite 89

LAFERS BOUCHE DE NOËL

LAFERS BOUCHE DE NOËL

CA. 12 STÜCK, CA. 1 STD. 30 MIN. ZUBEREITEN + 3 STD. KÜHLEN

1. Den Ofen auf 160 °C vorheizen. Für den Biskuit die Eier trennen. Eigelbe mit der Hälfte des Zuckers schaumig schlagen. Eiweiße mit dem restlichen Zucker und Salz zu steifem Schnee schlagen. Mehl, Stärke und Lebkuchengewürz mischen und zum Eigelb sieben. Den Eischnee behutsam unterheben. Die Masse etwa 1 cm dick und 25 cm lang auf ein mit Backpapier belegtes Backblech streichen und im heißen Ofen etwa 10 Minuten backen. Den Biskuit mit dem Backpapier auf ein mit Puderzucker bestäubtes Tuch stürzen.

2. Für die Creme den Orangensaft mit Schale und Vanillezucker auf etwa 150 ml einkochen lassen. Gelatine 5 Minuten in kaltem Wasser einweichen, dann im eingekochten Orangensaft auflösen. Etwas abkühlen lassen. Eier trennen. Eigelbe mit eingekochtem Orangensaft schaumig aufschlagen. Eiweiße zu steifem Schnee schlagen. Dabei langsam den Zucker einrieseln lassen. Eischnee und geschlagene Sahne behutsam unter den Orangenschaum heben.

3. Das Backpapier vom Biskuit entfernen, Biskuit gleichmäßig mit Orangenlikör beträufeln. Die Orangencreme etwa 5 mm dünn auf den Biskuit streichen. Dann vorsichtig mithilfe des Tuchs zu einer Roulade aufrollen. Roulade etwa 2 Stunden in den Kühlschrank legen.

4. Inzwischen für die Schokoladen-Creme die Sahne mit Butter und Zucker aufkochen, vom Herd ziehen, Schokolade hacken und nach und nach zugeben und schmelzen. Schokoladencreme erkalten lassen.

5. Die Roulade mit der Schokocreme bestreichen. Mit einer Gabel längliche Furchen in die Creme ziehen. Roulade nochmals mindestens 1 Stunde kalt stellen.

Für den Biskuit:

4 Eier	(Größe M)
50 g	Zucker
1	Prise Salz
3 EL	Mehl
3 EL	Speisestärke
1 EL	Lebkuchengewürz
ca. 3 EL	Orangenlikör

Für die Orangencreme:

300 ml	Orangensaft
	abgeriebene Schale von
1	Bio-Orange
1 EL	Vanillezucker
3 Blatt	Gelatine
2	Eier (Größe M)
50 g	Zucker
150 g	geschlagene Sahne

Für die Schokoladencreme:

100 g	Sahne
50 g	Butter
50 g	Zucker
150 g	Zartbitterschokolade (70 %)

Weihnachtsbäume

CA. 10 STÜCK, CA. 1 STD. ZUBEREITEN + 20 MIN. BACKEN

3 Eier (Größe M)
1 Prise Salz
75 g Zucker
100 g geschälte gemahlene Mandeln
25 g Mehl
25 g Speisestärke
200 g weiße Kuvertüre
200 g grüne geschälte Pistazien
150 g Puderzucker
Saft von ½ Zitrone
1 Tube rote Zuckerdekorschrift
Puderzucker zum Bestäuben

Außerdem:
ca. 10 ofenfeste Espressotassen
oder Förmchen

1. Den Ofen auf 180°C vorheizen. Aus Backpapier 10–12 etwa 16 cm große Kreise ausschneiden. Papierkreise vom Rand zur Mitte einmal einschneiden, Papier kegelförmig zusammenlegen und mit einer Büroklammer fixieren. Papierkegel mit der Spitze nach unten in kleine ofenfeste Espressotassen oder Förmchen stellen.

2. Für den Teig die Eier trennen. Eiweiße mit Salz zu steifem Schnee schlagen. Dabei langsam den Zucker einrieseln lassen. Eigelbe rasch unterrühren. Mandeln mit Mehl und Stärke mischen und behutsam unter die Eiermischung heben.

3. Teig in einen Spritzbeutel füllen und auf die Papierkegel verteilen. Im heißen Ofen 15–20 Minuten backen. Anschließend die Kegel umgedreht auf ein Kuchengitter stellen und auskühlen lassen.

4. Die Kuvertüre klein hacken und in einer Schüssel über einem heißen Wasserbad schmelzen. Pistazien in einer Küchenmaschine fein mahlen. Von den erkalteten Mandel-Biskuit-Kegeln vorsichtig das Backpapier entfernen. Kegel rundum dünn mit flüssiger Kuvertüre einpinseln, dann sofort in den gemahlenen Pistazien wenden.

5. Den Puderzucker mit Zitronensaft glatt rühren und je etwas Zuckerguss mit einem kleinen Löffel auf die Spitze der Kegel geben. Mit roter Zuckerdekorschrift kleine Tupfen auf die Weihnachtsbäume spritzen. Zum Schluss die Weihnachtsbäume mit Puderzucker bestäuben.

*Ob nun ursprünglich typisch deutsch,
ob hilfreich gegen böse Geister oder gar Baum der Erkenntnis,
der Weihnachtsbaum ist mehr als ein Symbol –
er ist Weihnachten.*

WEIHNACHTSBÄUME
Siehe Steps Seite 89

SCHNEEMANN-MUFFINS
Siehe Steps Seite 90

SCHNEEMANN-MUFFINS

CA. 8 STÜCK, CA. 1 STD. 30 MIN. ZUBEREITEN + 25 MIN. BACKEN

1. Den Ofen auf 180 °C vorheizen. In einer großen Schüssel Eier mit Zucker, Milch, Öl, Salz und Vanillemark verrühren. Mehl mit Backpulver mischen, darübersieben und locker mit einem großen Löffel unterheben. Teig auf Muffin-Papierförmchen verteilen und im Ofen in 20–25 Minuten goldbraun backen. Die Muffins auf einem Gitter auskühlen lassen.

2. Puderzucker mit Zitronensaft zu einem dickflüssigen Guss verrühren. Die Pralinen ein- bis zweimal durch den Zuckerguss ziehen, auf ein Gitter setzen und den Guss antrocknen lassen. Den restlichen Guss gleichmäßig über die Muffins verteilen und ebenfalls antrocknen lassen.

3. Ein Viertel vom Marzipan mit orangefarbener Lebensmittelfarbe einfärben, das restliche Marzipan mit roter Lebensmittelfarbe einfärben. Aus dem orangefarbenen Marzipan kleine Möhren als Nasen formen. Das rote Marzipan zwischen zwei Stücken Folie dünn ausrollen und in acht etwa 10 cm lange und 1 cm breite Streifen schneiden.

4. Die flüssige Schokolade in eine kleine Papierspritztüte füllen *(siehe Seite 91)*. Auf jede Pralinenkugel mit der Schokolade zwei Augen und einen Mund tupfen. Je eine Marzipanmöhre in die Mitte drücken. Schneemannköpfe auf die Muffins setzen und mit einem roten Marzipanstreifen umlegen. Zum Schluss auf jedem Kopf einen Plastikzylinder mit etwas Zuckerguss fixieren. Muffins nach Belieben mit Puderzucker bestäuben.

Tipp. Die Plastikzylinder gibt es in verschiedenen Größen im Bastelgeschäft. Alternativ kann man auch welche aus mit Kakaopulver dunkel gefärbtem Marzipan formen.

2	Eier (Größe M)
75 g	Zucker
200 ml	Milch
100 ml	Sonnenblumenöl
1 Prise	Salz
Mark von 1	Vanilleschote
250 g	Mehl
1 TL	Backpulver
250 g	Puderzucker
Saft von 1	Zitrone
8	kleine weiße Pralinen
ca. 150 g	Marzipanrohmasse
	orangefarbene und rote
	Lebensmittelfarbe
ca. 50 g	flüssige
	Zartbitterschokolade (70 %)

Außerdem:

8	Papierförmchen
8	kleine Plastikzylinder
	(Bastelgeschäft)

TRÜFFEL
& PRALINEN

Es muss schon ein kauziger Zeitgenosse gewesen sein,

der den Trüffelpilz Namenspate einer schokoladigen Köstlichkeit werden ließ.

Aber die Ähnlichkeit! Ach, was soll's, noch eine!

Pralinen. Wer hat sie erfunden?!

Nein, nicht die, sondern ein Koch am Hofe Ludwigs XIV.,

der sein Konfekt nach seinem Arbeitgeber benannte, dem Comte de Plessis-Praslin.

Besser konnte das Arbeitsklima nicht sein.

Sauerkirsch-Schokoladen-Petits-Fours

*Kardamom und Ingwer, Zimt und Koriander – alle feiern mit – und würden
so gerne länger in Küche und Backstube bleiben.*

INGWER-SCHOKO-KONFEKT

SCHOKO-MILCHREIS-TRÜFFEL
Siehe Steps Seite 90

SAUERKIRSCH-SCHOKOLADEN-PETITS-FOURS

CA. 16 STÜCK, CA. 45 MIN. ZUBEREITEN + 25 MIN. BACKEN + 1 STD. KÜHLEN

Für den Biskuit:

3	Eier (Größe M)
50 g	Zucker
60 g	Mehl
20 g	Speisestärke
20 g	Kakaopulver

Für den Guss:

100 g	Sahne
75 g	Puderzucker
30 g	Butter
150 g	Zartbitterschokolade (70 %)
40 g	Crème fraîche

Außerdem:

150 g	Sauerkirschkonfitüre
2–3 EL	Kirschgeist
16	eingelegte Sauerkirschen (ersatzweise Sauerkirschen aus dem Glas)

1. Den Ofen auf 180 °C vorheizen. Ein tiefes Backblech (etwa 15 x 15 cm) mit Backpapier auslegen. Eier mit Zucker in einer Schüssel etwa 5 Minuten mit dem Handrührgerät schaumig schlagen. Mehl mit Stärke und Kakao mischen, zum Eischaum sieben und unterheben. Biskuitteig in das Backblech füllen und im heißen Ofen 20–25 Minuten backen. Biskuit anschließend auf ein Kuchengitter stürzen und abkühlen lassen.

2. Die Kirschkonfitüre in einen Topf geben und aufkochen lassen. Den abgekühlten Biskuit zweimal quer durchschneiden. Alle Scheiben gleichmäßig mit etwas Kirschgeist beträufeln, mit der Konfitüre bestreichen und wieder aufeinandersetzen. Den Kuchen etwa 30 Minuten in den Kühlschrank stellen. Übrige Konfitüre für später beiseitestellen.

3. Für den Guss Sahne mit Puderzucker aufkochen, Butter und Schokolade stückchenweise zugeben und darin schmelzen. Die Mischung etwas abkühlen lassen. Die Crème fraîche unterrühren. Den Guss abkühlen lassen.

4. Den Biskuit aus dem Kühlschrank nehmen, in 16 gleich große Würfel schneiden und diese auf ein Gitter setzen. Den dickflüssigen Schokoladenguss gleichmäßig über die Würfel verteilen. Beiseitegestellte Konfitüre nochmals erhitzen, die Sauerkirschen darin wenden und je eine auf jeden Würfel setzen. Die Petits Fours nochmals etwa 30 Minuten kühl stellen.

INGWER-SCHOKO-KONFEKT

CA. 50 STÜCK,
CA. 30 MIN. ZUBEREITEN + 2 STD. KÜHLEN

30 g	frischer Ingwer
50 g	Zucker
200 g	Vollmilchschokolade
150 g	Zartbitterschokolade (70 %)
50 g	Butter
125 g	Sahne
ca. 75 g	kandierter Ingwer

Außerdem:
ca. 50 kleine Pralinenförmchen

1. Den Ingwer schälen, fein reiben und mit Zucker und 150 ml Wasser langsam zu einem Sirup einkochen lassen. Es sollten etwa 50 ml Sirup sein.

2. Beide Schokoladensorten klein hacken und mit der Butter in einer Schüssel über einem heißen Wasserbad schmelzen. Die Sahne mit dem Ingwersirup aufkochen und unter die flüssige Schokolade rühren. Die Mischung im Kühlschrank etwa 1 ½ Stunden auskühlen lassen.

3. Die ausgekühlte Schokomasse mit dem Handrührgerät cremig rühren, in einen Spritzbeutel mit großer Sterntülle füllen und in kleine Pralinenförmchen spritzen.

4. Den kandierten Ingwer in kleine Würfel schneiden. Je ein Würfelchen auf jedes Schoko-Ingwer-Konfekt drücken. Konfekt etwa 30 Minuten kalt stellen

SCHOKO-MILCHREIS-TRÜFFEL

CA. 20 STÜCK,
CA. 1 STD. ZUBEREITEN + 3 STD. KÜHLEN

150 g	Milchreis
½ l	ungesüßte Kokosmilch
75 g	Zucker
2–3 EL	Kokoslikör
	(z. B. Batida de Coco)
200 g	Zartbitterschokolade (70 %)
10 g	Kokosfett
	nach Belieben Blattgold
	zum Verzieren

1. Den Reis mit Kokosmilch und Zucker in einem Topf bei mittlerer Hitze unter häufigem Rühren offen etwa 20 Minuten garen. Topf vom Herd nehmen, Milchreis mit dem Kokoslikör verfeinern. Anschließend vollständig auskühlen lassen.

2. Aus dem ausgekühlten Milchreis mit angefeuchteten Händen walnussgroße Bällchen formen.

3. Die Schokolade klein hacken und mit dem Kokosfett in einer Schüssel über einem heißen Wasserbad schmelzen. Milchreisbällchen in die flüssige Schokolade tauchen, mit einer Gabel herausheben, etwas abtropfen lassen und auf ein Pralinengitter setzen. Sobald die Glasur beginnt, fest zu werden, die Bällchen mit einer Gabel über das Gitter rollen. So entsteht die typische Trüffel-Optik *(siehe Seite 90).*

4. Die Trüffel nach Belieben mit etwas Blattgold verzieren.

DREIERLEI SCHOKO-TRÜFFEL

DREIERLEI SCHOKO-TRÜFFEL

JE CA. 15 STÜCK, CA. 1 STD. 30 MIN. ZUBEREITEN + 3 STD. KÜHLEN

1. Für die Kokos-Rum-Trüffel die Sahne mit 2 EL Kokospulver und dem Kokoslikör in einem Topf erhitzen. Die Kuvertüre klein hacken, unter die heiße Sahne rühren und darin schmelzen. Mischung in eine Schüssel umfüllen und etwa 3 Stunden zugedeckt kühl stellen. Aus der fest gewordenen Masse 15 – 20 kleine Kugeln formen und im restlichen Kokospulver wälzen.

2. Für die Cassis-Glühwein-Trüffel den Glühwein in einem Topf offen auf 75 ml einkochen lassen. Die Kuvertüre klein hacken, mit Butter, Rum und 2 TL Cassis-Pulver unter den heißen Glühwein rühren und darin schmelzen. Mischung in eine Schüssel umfüllen und etwa 3 Stunden zugedeckt kühl stellen. Aus der fest gewordenen Masse 15 – 20 kleine Kugeln formen und im restlichen Cassis-Pulver wälzen.

3. Für die Orangen-Passionsfrucht-Trüffel den Orangensaft mit der Schale in einem Topf offen auf 75 ml einkochen lassen. Die Kuvertüre klein hacken, mit Butter, Orangenlikör und 2 TL Passionsfrucht-Pulver unter den heißen Orangensaft rühren und darin schmelzen. Mischung in eine Schüssel umfüllen und etwa 3 Stunden zugedeckt kühl stellen. Aus der fest gewordenen Masse 15 – 20 kleine Kugeln formen und im restlichen Passionsfrucht-Pulver wälzen.

Für weiße Kokos-Rum-Trüffel:

75 g	Sahne
ca. 100 g	Kokospulver (Asienladen)
2 EL	Kokoslikör (z. B. Batida de Coco)
250 g	weiße Kuvertüre

Für rote Cassis-Glühwein-Trüffel:

¼ l	guter Glühwein
250 g	weiße Kuvertüre
30 g	weiche Butter
1 EL	Rum
ca. 100 g	Cassis-Pulver *(siehe Lexikon Seite 93 „Gefriergetrocknetes Fruchtpulver")*

Für gelbe Orangen-Passionsfrucht-Trüffel:

¼ l	frisch gepresster Orangensaft fein geriebene Schale von
½	Bio-Orange
250 g	weiße Kuvertüre
30 g	weiche Butter
2 EL	Orangenlikör (z. B. Grand Marnier)
ca. 100 g	Passionsfrucht-Pulver *(siehe Lexikon Seite 93 „Gefriergetrocknetes Fruchtpulver")*

NIKOLAUSPRALINEN

CA. 25 STÜCK, CA. 1 STD. ZUBEREITEN + 30 MIN. KÜHLEN

250 g	Marzipanrohmasse
50 g	Puderzucker
1–2 TL	Rum
	(ersatzweise etwas Rum-Aroma)
	fein abgeriebene Schale und Saft
von 1	Bio-Limette
2 EL	Kokospulver (Asienladen)
300 g	weiße Kuvertüre
50 g	Kokosfett
2–3 TL	fettlösliche rote Lebensmittel-
	farbe *(in Pulverform;*
	siehe Lexikon Seite 93)
ca. 100 g	Kokosraspel
ca. 25	Backerbsen
	(Fertigprodukt für Suppeneinlage)

Außerdem:
ca. 25 kleine Papierförmchen

1. Das Marzipan würfeln und mit Puderzucker, Rum, Limettenschale und -saft sowie dem Kokospulver verkneten.

2. Aus der Marzipanmasse zuerst kleine Kugeln rollen, diese dann zu etwa 2 cm hohen und 1,5 cm breiten Kegeln formen *(siehe Seite 90)*. Die Kegel etwa 30 Minuten in das Gefrierfach stellen.

3. Inzwischen die Kuvertüre klein hacken und in einer Schüssel über einem heißen Wasserbad schmelzen. Ein Drittel abnehmen und in einer Schüssel beiseitestellen. Das Kokosfett klein hacken, mit der Lebensmittelfarbe unter die übrige Kuvertüre im Topf rühren und darin schmelzen.

4. Die Marzipankegel aus dem Gefrierfach holen, mit der Spitze auf einen kleinen Holzspieß stecken und in die rote Kuvertüre tauchen. Anschließend auf einem Gitter abtropfen lassen. Die Kuvertüre fest werden lassen, dann die Kegel im unteren Viertel in die beiseitegestellte flüssige weiße Kuvertüre tauchen, anschließend sofort in die Kokosraspel drücken.

5. Die Backerbsen einzeln in die flüssige weiße Kuvertüre tauchen, mit einer Gabel herausheben und in Kokosraspeln wälzen. Dann wieder in etwas flüssige weiße Kuvertüre tauchen und auf die Spitze der Marzipankegel drücken.

Nein, kein Nikolausi jetzt an dieser Stelle – auch kein Osterhasi.
Polt sei trotzdem Dank.

NIKOLAUSPRALINEN
Siehe Steps Seite 90

MANDELSPLITTER & FLORENTINER

MANDELSPLITTER

CA. 30 STÜCK,
CA. 30 MIN. ZUBEREITEN + 10 MIN. RÖSTEN

2 EL Zucker
200 g Mandelstifte
100 g Vollmilchschokolade

1. Den Ofen auf 200 °C vorheizen. Den Zucker mit 2 EL Wasser aufkochen, dann die Mandelstifte untermischen. Die Mischung auf ein mit Backpapier belegtes Backblech verteilen und im heißen Ofen in etwa 10 Minuten goldbraun rösten. Dabei gelegentlich umrühren und darauf achten, dass die Mandeln gleichmäßig gebräunt werden. Fertig geröstete Mandeln auskühlen lassen.

2. Inzwischen die Schokolade klein hacken und in einer Schüssel über einem heißen Wasserbad schmelzen.

3. Die flüssige Schokolade gründlich mit den gerösteten Mandelstiften vermischen. Aus der Mischung mit einem Löffel 30–35 kleine Häufchen auf ein mit Backpapier belegtes Blech verteilen. Mandelsplitter fest werden lassen und kühl aufbewahren.

FLORENTINER

CA. 50 STÜCK,
CA. 45 MIN. ZUBEREITEN + 25 MIN. BACKEN

2 EL Honig
50 g Butter
50 g Sahne
50 g Puderzucker
1 TL Vanillezucker
250 g Mandelblättchen
2 EL Mehl
100 g Zartbitterschokolade (70 %)

1. Den Ofen auf 180 °C vorheizen. Honig mit Butter, Sahne, Puder- und Vanillezucker in einen breiten Topf geben und unter ständigem Rühren bei schwacher bis mittlerer Hitze sanft einkochen lassen, bis die Mischung hellbraun und dickflüssig ist und in einem gleichmäßigen Faden von einem Löffel fließt. Mandelblättchen und Mehl unterrühren. Die Masse noch heiß gleichmäßig dünn auf ein mit Backpapier belegtes Backblech streichen und im heißen Ofen in etwa 25 Minuten goldbraun backen.

2. Inzwischen die Schokolade klein hacken und in einer Schüssel über einem heißen Wasserbad schmelzen.

3. Die Mandelmasse aus dem Ofen holen und mit dem Backpapier vom Blech nehmen. Mit einem zweiten Bogen Backpapier belegen und mit einem Rollholz gleichmäßig dünn ausrollen. Lauwarm mit einem Messer in etwa 3 cm große Quadrate schneiden.

4. Die Mandelquadrate mit der Unterseite in die flüssige Schokolade tauchen, etwas abtropfen lassen und dann mit der Schokoseite auf ein mit Backpapier belegtes Blech setzen. Schokolade fest werden lassen. Die Florentiner in einer Gebäckdose an einem kühlen Ort aufbewahren.

SCHOKO-ORANGEN-HEINERLE

CA. 50 STÜCK,
CA. 30 MIN. ZUBEREITEN + 4 STD. KÜHLEN

250 g	Kokosfett
125 g	Zartbitterschokolade (70 %)
4	Eier (Größe M)
200 g	Zucker
Mark von 1	Vanilleschote
	abgeriebene Schale von
1	Bio-Orange
2 EL	Orangenlikör
	(z. B. Grand Marnier)
10	rechteckige Backoblaten
	(12 x 20 cm)

1. Das Kokosfett in einem Topf schmelzen. Die Schokolade klein hacken und mit Eiern, Zucker, Vanillemark, Orangenschale und -likör unter das Fett rühren. Die Mischung unter ständigem Rühren aufkochen, den Topf vom Herd ziehen. Die Masse abkühlen lassen, bis sie streichfähig ist.

2. Die Schokoladencreme gleichmäßig dünn auf neun Oblaten streichen und diese aufeinandersetzen. Die zehnte Oblate obendrauf legen, dann das Ganze mit einem kleinen Brett beschweren und vollständig auskühlen lassen.

3. Den fest gewordenen Schoko-Block mit einem scharfen, glatten Messer in 50–60 etwa 2 cm große Quadrate schneiden.

SCHOKO-CRÊPE-RÖLLCHEN

CA. 30 STÜCK,
CA. 45 MIN. ZUBEREITEN +1 STD. KÜHLEN

3	Eier (Größe M)
150 g	Mehl
1–2 EL	Kakaopulver
¼ l	Milch
1 EL	Vanillezucker
ca. 30 g	Butterschmalz zum Ausbacken
125 g	Sahne
50 g	Butter
400 g	weiße Kuvertüre
2 EL	Mandellikör (z. B. Amaretto)

1. Eier, Mehl, Kakao, Milch und Vanillezucker zu einem glatten Teig verrühren.

2. Aus dem Teig portionsweise in einer großen Pfanne in etwas erhitztem Butterschmalz 5 große dünne Crêpes ausbacken. Crêpes auskühlen lassen.

3. Sahne und Butter in einen Topf geben und erhitzen. Kuvertüre klein hacken, nach und nach unter die heiße Sahne rühren und darin schmelzen. Die Mischung mit Mandellikör aromatisieren, in eine Schüssel umfüllen und abkühlen lassen, bis sie streichfähig ist.

4. Jede Crêpe rechteckig zuschneiden und mit weißer Schokocreme gleichmäßig dünn bestreichen. Einrollen und etwa 1 Stunde in den Kühlschrank legen.

5. Die Schoko-Crêpe-Röllchen in etwa 2 cm lange schräge Stücke schneiden und möglichst frisch servieren.

SCHOKO-ORANGEN-HEINERLE UND SCHOKO-CRÊPE-RÖLLCHEN

SCHOKOLADEN-   KARAMELL-KONFEKT UND ORANGEN-CHILI-PRALINEN

SCHOKOLADEN-KARAMELL-KONFEKT MIT FLEUR DE SEL

CA. 50 STÜCK, CA. 45 MIN. ZUBEREITEN
+ 2 STD. EINKOCHEN + 8 STD. KÜHLEN

350 g	Zucker
2 EL	Honig
200 ml	Kondensmilch
175 g	Butter
250 g	Sahne
200 g	Zartbitterschokolade (70 %)
20 g	Kokosfett
ca. 2 EL	Fleur de Sel zum Bestreuen

1. Den Zucker mit Honig, Kondensmilch, Butter und Sahne in einem breiten Topf, verrühren und aufkochen lassen. Die Hitze reduzieren und die Mischung bei schwacher bis mittlerer Hitze etwa 2 Stunden offen einkochen lassen. Dabei immer wieder umrühren. Es sollten etwa 500 g goldbraune, zähflüssige Karamellmasse übrig sein.

2. Eine flache rechteckige Schale (etwa 10 x 20 cm) mit Backpapier auslegen. Die Karamellmasse etwa 1 ½ cm hoch hineinfüllen und in 6 – 8 Stunden (noch besser über Nacht) im Kühlschrank fest werden lassen.

3. Die fest gewordene Karamellmasse in etwa 2 cm große Würfel schneiden.

4. Die Schokolade klein hacken und mit dem Kokosfett in einer Schüssel über einem heißen Wasserbad schmelzen. Einen Teil der Karamellwürfel in die flüssige Schokolade tauchen, etwas abtropfen lassen, dann auf ein Gitter setzen. Konfekt mit je einer kleinen Prise Fleur de Sel bestreuen. Die Schokolade fest werden lassen.

ORANGEN-CHILI-PRALINEN

CA. 30 STÜCK,
CA. 1 STD. ZUBEREITEN + 5 STD. KÜHLEN

250 g	Kumquats (Mini-Orangen)
½	rote Chilischote
400 ml	Orangensaft
2	Zimtstangen
100 g	Zucker
7 Blatt	Gelatine
200 g	Zartbitterschokolade (70 %)
20 g	Kokosfett
ca. 2 EL	Chiliflocken zum Bestreuen

1. Die Kumquats waschen, abtrocknen, halbieren und mit Chili, Orangensaft, Zimt und Zucker in einen Topf geben. Etwa 20 Minuten bei mittlerer Hitze köcheln lassen.

2. Die Gelatine 5 Minuten in kaltem Wasser einweichen. Anschließend ausdrücken und im eingekochten Orangensaft auflösen. Die Mischung durch ein feines Sieb in eine flache, mit Folie ausgekleidete Schale (etwa 10 x 20 cm) drücken. Orangen-Chili-Saft etwa 5 Stunden in den Kühlschrank stellen und vollständig gelieren lassen.

3. Das fest gewordene Gelee in etwa 2 cm große Quadrate schneiden. Die Schokolade klein hacken und mit Kokosfett in einer Schüssel über einem heißen Wasserbad schmelzen. Einen Teil der Geleestücke in die flüssige Schokolade tauchen, mit einer Gabel vorsichtig herausheben, abtropfen lassen und auf ein Kuchengitter setzen. Pralinen mit Chiliflocken bestreuen und die Schokolade fest werden lassen.

Weihnachtliche „Kekskrümel-Wurst"

FÜR 1 „WURST", CA. 30 MIN. ZUBEREITEN + 4 STD. KÜHLEN

75 g	Zartbitterschokolade (70 %)
50 g	Vollmilchschokolade
100 g	Butter
150 g	gemischtes trockenes Weihnachtsgebäck (z. B. Spekulatius, Vanillekipferl, Lebkuchen, Stollen usw.)
50 g	grüne geschälte Pistazien
100 g	gehackte Haselnüsse
ca. 2 EL	flüssige Schokolade zum Einpinseln
2–3 EL	Puderzucker zum Wälzen

1. Beide Schokoladensorten in Stücke brechen und mit der Butter in einer Schüssel über einem heißen Wasserbad schmelzen. Das Weihnachtsgebäck zerbröseln.

2. Das zerbröselte Gebäck mit den Pistazien und den Haselnüssen zur flüssigen Schokoladenbutter geben und alles gründlich vermischen. Masse im Kühlschrank etwas abkühlen lassen, dann zu einer Wurst formen und diese straff in Alufolie gewickelt im Kühlschrank etwa 4 Stunden vollständig durchkühlen lassen.

3. Die „Wurst" aus der Folie wickeln, rundum mit etwas flüssiger Schokolade einpinseln und im Puderzucker wälzen.

*Selten ist eine Wurst so unumstritten gut gelungen –
und man braucht nicht mal einen Metzger dazu.*

WEIHNACHTLICHE „KEKSKRÜMEL-WURST"

STEPS

& TIPPS

Die Theorie träumt – die Praxis belehrt.

Erklären, beschreiben, anmerken – die Sprache hat ihre Grenzen.

Helfen können dann nur intuitive Anleitungen,

die Schritt für Schritt zum Ziel führen. Ganz bestimmt!

Das eigene Ausprobieren können aber auch sie nicht ersetzen.

KNOPFKEKSE
Seite 22

1. Hellen und dunklen Teig auf einer mit Mehl bestäubten Arbeitsfläche etwa 3 mm dünn ausrollen.

2. Unterschiedlich große Kreise ausstechen. Die Kekse auf ein mit Backpapier belegtes Backblech legen.

3. Mit der abgerundeten Seite von einem kleineren runden Ausstecher einen Ring in jeden Keks drücken.

4. Mithilfe einer kleinen runden Spritztülle in der Mitte 3–4 kleine Löcher ausstechen.

SCHWARZ-WEISS-GEBÄCK
Seite 22

1. Hellen und dunklen Teig auf einer mit Mehl bestäubten Arbeitsfläche etwa 3 mm dünn ausrollen.

2. Mit einem gewellten oder sternförmigen Ausstecher Kreise oder Sterne ausstechen. Kekse auf ein mit Backpapier belegtes Backblech legen.

3. Mit kleineren Ausstechern Herzen oder Sterne aus den Keksen ausstechen.

4. Je einen kleineren dunklen Keks in einen großen hellen Keks geben und umgekehrt.

KNUSPER-ZIMTSTANGEN
Seite 34

1. Die Masse mithilfe einer rechteckigen Schablone (etwa 6 x 12 cm) gleichmäßig dünn auf eine Backmatte streichen.

2. Die bestrichene Backmatte auf ein Backblech legen und den Teig im heißen Ofen 6–8 Minuten backen, bis das Gebäck gleichmäßig goldbraun ist.

3. Die gebackenen Rechtecke sofort noch heiß von der breiten Seite um ein Holzstäbchen aufrollen. Auskühlen lassen und am besten luftdicht aufbewahren.

ERDNUSS-CURRY-BLÄTTER
Seite 23

1. Den Teig mithilfe einer Palette und einer Schablone zu gleichmäßig dünnen Kreisen von 6–8 cm Durchmesser auf ein mit einer Backmatte belegtes Blech streichen.

2. Jeden Teigkreis mit gehackten Erdnüssen und je einer Prise Currypulver bestreuen. Im heißen Ofen in etwa 6 Minuten knusprig backen.

3. Gebäck aus dem Ofen nehmen, erkalten lassen und vorsichtig mit einer Palette von der Matte lösen.

SPEKULATIUS-SCHNECKEN
Seite 24

1. Den Teig in einen Spritzbeutel mit kleiner Lochtülle füllen und auf ein mit Backpapier belegtes Blech 50–60 runde Schnecken spritzen. Schnecken im heißen Ofen in 12–14 Minuten goldbraun backen. Anschließend herausnehmen und abkühlen lassen.

2. Das Gebäck nach Belieben mit flüssiger Zartbitterschokolade verzieren.

3. Auf die Hälfte der Schnecken je etwas Konfitüre geben. Die übrigen Schnecken daraufsetzen.

BLÄTTERTEIG-GEWÜRZ-SCHNECKEN
Seite 28

1. Den Blätterteig von der Schmalseite her zu einer Roulade aufrollen. Diese in Folie wickeln und etwa 1 Stunde ins Gefrierfach legen.

2. Die Blätterteigroulade aus dem Gefrierfach nehmen und mit einem scharfen Messer in etwa 3 mm dünne Scheiben schneiden.

3. Die Scheiben nebeneinander auf ein mit Backpapier belegtes Backblech legen.

4. Einen zweiten Bogen Backpapier darauflegen und die Blätterteigscheiben mit einem Rollholz nochmals etwas flach drücken.

„EIS-KRISTALLE"
Seite 37

1. Eisbonbons in einen Mixer geben und zu feinem Pulver zermahlen.

2. Das Pulver mit einem Sieb gleichmäßig etwa 1 mm dünn auf ein mit Backpapier belegtes Backblech streuen und unter dem heißen Backofengrill in etwa 20 Sekunden schmelzen lassen.

3. Blech aus dem Ofen nehmen, geschmolzenes Bonbonpulver auskühlen lassen, dann vom Papier lösen und in kleine Stücke brechen.

4. Die Stückchen auf den Plätzchen verteilen.

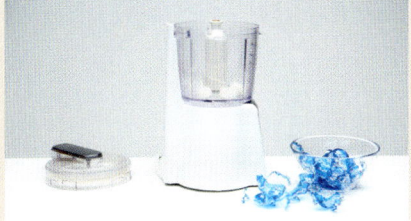

BRATAPFEL-KRAPFEN
Seite 60

1. Den Teig etwa 1 cm dick ausrollen und 5–6 cm große Kreise ausstechen.

2. Auf jeden Teigkreis etwa 1 EL Bratapfel-mischung geben. Teig über der Füllung fest zusammendrücken und zu kleinen Kugeln formen. Diese auf ein mit Mehl bestäubtes Küchentuch legen. Mit einem zweiten Tuch abdecken und nochmals 20 Minuten gehen lassen. Teigkugeln in heißem Öl goldbraun backen und auf Küchenpapier abtropfen lassen.

3. Je ein Drittel vom Puderzucker mit etwas Zitronensaft und einer der drei Farben zu einem dickflüssigen Guss verrühren.

4. Krapfenoberfläche mit gelbem, rotem und etwas grünem Zuckerguss bestreichen und antrocknen lassen.

WEIHNACHTSBÄUME
Seite 64

1. Aus Backpapier 10–12 etwa 16 cm große Kreise ausschneiden. Vom Rand zur Mitte einmal einschneiden. Das Papier kegelförmig zusammenlegen und mit einer Büroklammer fixieren. Papierkegel mit der Spitze nach unten in ofenfeste Espressotassen oder Förmchen stellen.

2. Den Teig mit einem Spritzbeutel in die Papierkegel verteilen und im Ofen 15–20 Minuten backen.

3. Die ausgekühlten Teigkegel rundum dünn mit flüssiger Kuvertüre einpinseln und in gemahlenen Pistazien wenden. Je etwas Zucker-guss mit einem kleinen Löffel auf die Spitze der Biskuitkegel verteilen. Mit roter Zuckerdekor-schrift kleine Tupfen auf die Weihnachtsbäume spritzen.

SCHNEEMANN-MUFFINS
Seite 67

1. Die Pralinen ein- bis zweimal durch den Zuckerguss ziehen, auf ein Gitter setzen und den Guss antrocknen lassen. Übrigen Guss gleichmäßig auf den Muffins verteilen und ebenfalls antrocknen lassen.

2. Ein Viertel vom Marzipan mit orangefarbener Lebensmittelfarbe einfärben, den Rest rot einfärben. Aus dem orangefarbenen Marzipan kleine Möhren als Nasen formen. Das rote Marzipan zwischen zwei Stücken Folie dünn ausrollen und in acht etwa 10 cm lange und 1 cm breite Streifen schneiden.

3. Die geschmolzene Schokolade in eine kleine Papierspritztüte füllen und auf jede Pralinenkugel zwei Augen und einen Mund tupfen. Je eine Marzipanmöhre als Nase in die Mitte drücken. Schneemannköpfe auf die Muffins setzen und mit einem roten Marzipanstreifen umlegen. Zum Schluss auf jeden Kopf einen Plastikzylinder mit etwas Zuckerguss fixieren.

SCHOKO-MILCHREIS-TRÜFFEL
Seite 73

1. Den ausgekühlten Milchreis mit angefeuchteten Händen zu walnussgroßen Bällchen formen.

2. Die Milchreisbällchen in die geschmolzene Schokolade tauchen.

3. Die Bällchen mit einer Gabel herausheben, etwas abtropfen lassen und auf ein Pralinengitter setzen.

4. Wenn die Schokolade beginnt, fest zu werden, die Bällchen mit einer Gabel über das Gitter rollen. So entsteht die typische Trüffel-Optik.

NIKOLAUSPRALINEN
Seite 76

1. Aus der Marzipanmasse zuerst kleine Kugeln rollen, diese dann zu etwa 2 cm hohen und etwa 1½ cm breiten Kegeln formen. Die Marzipankegel etwa 30 Minuten ins Gefrierfach stellen.

2. Marzipankegel mit der Spitze auf einen kleinen Holzspieß stecken und in die rote Kuvertüre tauchen. Anschließend auf einem Gitter abtropfen lassen.

3. Die Kuvertüre fest werden lassen, dann die Kegel im unteren Viertel in die restliche weiße Kuvertüre tauchen, dann sofort in die Kokosraspeln drücken.

4. Die Backerbsen einzeln in die flüssige Kuvertüre tauchen, mit einer Gabel herausheben und in Kokosraspeln wälzen. Dann wieder in etwas Kuvertüre tauchen und auf die Spitze der Marzipankegel drücken.

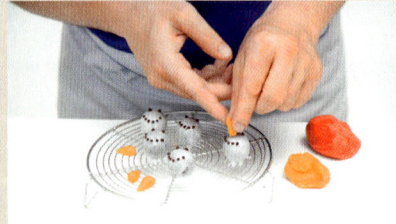

PAPIERSPRITZTÜTEN
Seite 12, 67

1. Aus Backpapier ein etwa 30 x 40 cm großes Rechteck ausschneiden. Diagonal falten und im Falz durchschneiden. Nun hat man zwei Dreiecke mit unterschiedlich langen Seiten.

2. Mit der linken Hand eines der Dreiecke etwa in der Mitte der längsten Seite festhalten. Mit der rechten Hand die rechte Spitze fassen und zur mittleren Spitze einrollen. So entsteht ein spitzer Kegel (Linkshänder machen es genau umgekehrt).

3. Mit der linken Hand nun die linke Spitze über den Kegel einrollen, sodass Sie eine spitze Dreieckstüte erhalten.

4. Die überstehende Spitze oben nach innen umklappen, das macht die Tüte stabiler. Die Tüte füllen. Den oberen Rand der Tüte zusammendrücken und nach innen falten, damit sie verschlossen ist. Von der Spitze mit einer Schere ein kleines Stück abschneiden und durch diese Öffnung den Inhalt aufspritzen.

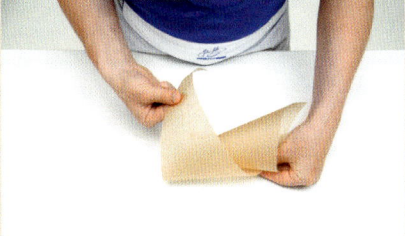

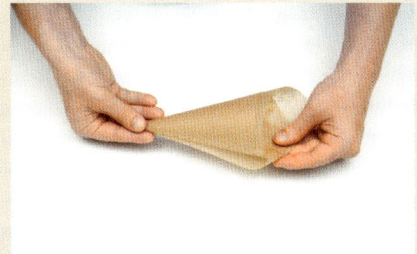

BESCHRIFTETE SCHOKOTÄFELCHEN
Seite 48-51

1. Auf eine durchsichtige Folie mit einem geeigneten Stift FROHE WEIHNACHT oder eine andere Botschaft schreiben.

2. Die Folie mit der beschrifteten Seite auf die Arbeitsfläche legen, sodass die Schrift spiegelverkehrt ist.

3. Die flüssige Schokolade in eine kleine Spritztüte umfüllen und sorgfältig die geschriebenen Linien mit der Schokolade nachziehen. Schokolade fest werden lassen.

4. Die flüssige weiße Kuvertüre über die fest gewordene Schokoladenschrift gießen und gleichmäßig verteilen. Bestrichene Folie etwa 30 Minuten in das Gefrierfach legen. Dann die bestrichene Folie mit der Schokoladenseite auf ein Schneidebrett legen, Die Folie abziehen und die Schokolade mit einem Messer in Stücke schneiden.

LEXIKON

AUSSTECHER

Gibt es in vielen Größen und Formen und in besonders großer Auswahl in der Vorweihnachtszeit. Spezial-Ausstecher für Spitzbuben sind sehr praktisch. Man bekommt sie im gut sortierten Haushaltswarengeschäft. Ersatzweise kann man auch mit einem Messer Sterne ausschneiden oder mit einem Glas Kreise ausstechen.

BACKAROMEN

Wenn man auf Alkohol verzichten möchte, aber beispielsweise das Aroma von Rum schätzt, kann man auf konzentrierte Backaromen ausweichen. Im Supermarkt gibt es noch einige andere künstliche Aromen wie Vanille, Bittermandel, Zitrone oder Orangenblüten. Die Aromen sparsam dosieren!

GOLD

Essbares Blattgold oder Goldflocken sind gerade in der Weihnachtszeit eine exquisite Dekoration für Pralinen, Torten oder Gebäck. Bestellmöglichkeiten im Internet.

GEFRIERGETROCKNETES FRUCHTPULVER

Konzentriertes natürliches Fruchtaroma in Pulverform. Ideal zum Wälzen und Aromatisieren von Pralinen. Erhältlich unter anderem in den Geschmacksrichtungen Cassis oder Passionsfrucht. Bestellmöglichkeiten siehe Adressen.

GEBÄCKPRESSE

Ein Gerät zum Formen und Aufspritzen von weichen Teigsorten. Erhältlich im Haushaltswarengeschäft oder gut sortiertem Warenhaus. Ersatzweise kann man auch einen Spritzbeutel mit entsprechend runden oder sternförmigen Tüllen verwenden.

LEBENSMITTELFARBEN

Im Supermarkt in Pulverform erhältlich. Diese Farben sind allerdings wasserlöslich. Zum Färben von weißer Kuvertüre braucht man fettlösliche Lebensmittelfarbe. Bestellmöglichkeiten für fettlösliche Farben siehe Adressen.

LEBKUCHENGEWÜRZ

Spezielle Gewürzmischung, meistens mit Zimt, Anis, Nelken, Muskatblüte und -nuss, Koriander, Ingwer und Kardamom. Zur Adventszeit im Gewürzregal des Supermarktes erhältlich. Oder auf dem Weihnachtsmarkt.

MUFFINBACKBLECH

Backblech für Muffins. Erhältlich in verschiedenen Größen in jedem Haushaltswarengeschäft oder Warenhaus. Ersatzweise pro Muffin zwei Papierförmchen ineinandersetzen und auf ein Backblech stellen.

SILIKONBACKMATTE

Eine Silikonbackmatte ist sehr zu empfehlen. Sie lässt sich bei guter Pflege viele Jahre verwenden. Die Matten verbiegen sich auch bei großer Hitze nicht und bilden keine Wellen, ein großer Vorteil beim Backen. Mittlerweile kann man sie in gut sortierten Haushaltswarengeschäften, Warenhäusern oder über das Internet bekommen.

STOLLENFORM

Spezielle Backform für Weihnachtsstollen. In der Vorweihnachtszeit im Haushaltswarengeschäft erhältlich oder über das Internet. Ohne Form muss man den Teig zuerst zu einem länglichen Laib formen, diesen in der Mitte längs eindrücken und zu einer Seite hin flach rollen. Die flach gerollte Seite dann über die dicke Seite schlagen und andrücken.

SPEKULATIUSGEWÜRZ

Spezielle Gewürzmischung, meistens mit Zimt, Nelken, Ingwer, Muskatnuss und Kardamom, manchmal sind auch Anis, Piment und Vanille dabei. Zur Adventszeit im Gewürzregal des Supermarktes erhältlich. Oder auf dem Weihnachtsmarkt.

SPEKULATIUSMODELN

Geschnitzte Holztafeln mit weihnachtlichen Motiven und Figuren. Werden traditionell für die Herstellung von Spekulatius verwendet. Man bekommt sie auf vielen Weihnachtsmärkten oder im Internet, siehe Adressen unten.

PLASTIKSCHABLONEN

Ideal zum gleichmäßig dünnen Auftragen von streichfähigem Teig. Schablonen lassen sich in beliebigen Größen und Formen aus dünnen Kunststoffbogen schneiden (beispielsweise aus Deckeln von Plastikbehältern oder dem Umschlag von Aktenmappen).

PRALINENBESTECK

Ein spezielles Besteck, das bei der Herstellung von Pralinen und Trüffeln verwendet wird. Erhältlich im Internet oder im gut sortierten Haushaltswarengeschäft. Ersatzweise kann man auch eine Gabel mit langen, dünnen Zinken verwenden.

WAAGE

Beim Backen ist es wichtig, die Zutaten genau abzuwiegen. Für Flüssigkeiten eignet sich ein exakter Messbecher am besten. Für Mehl, Zucker, Schokolade, Mandeln und Ähnliches sollte eine Waage verwendet werden. Hier sind Digitalwaagen mit Leuchtanzeige und Zuwiegefunktion zu empfehlen. Sie wiegen in Ein-Gramm-Schritten ganz exakt ab.

WINKELPALETTE

Ein ideales Werkzeug zum dünnen Aufstreichen von Teig, Marmelade, Schokolade oder Creme. Erhältlich im Haushaltswarengeschäft, im Internet oder in großen Warenhäusern. Gibt es in verschiedenen Größen.

ZIMTSTERN-AUSSTECHER

Ein spezieller Ausstecher aus Metall oder Kunststoff zum Auseinanderklappen. Ideal für die Herstellung von Zimtsternen. Erhältlich im Haushaltswarengeschäft, Internet oder zur Vorweihnachtszeit im Warenhaus.

BESTELL-ADRESSEN IM INTERNET FÜR SPEZIELLE ZUTATEN UND FORMEN:

Gefriergetrocknetes Fruchtpulver, Blattgold/Goldflocken, Lebensmittelfarben, fettlösliche Lebensmittelfarben, Gewürze, Aromen und viele andere Backzutaten gibt es zum Beispiel bei: *www.bosfood.de*

Stollen- und andere Backformen, Spekulatiusmodeln, Ausstecher und diverse Backzutaten gibt es zum Beispiel bei: *www.backformen-shop.de*

REZEPTREGISTER

IMPRESSUM

© 2010 by Verlagsgruppe Weltbild GmbH, Steinerne Furt, Augsburg
Johann Lafer, Michael Wissing

Alle Rechte vorbehalten

© *Konzeption:* Johann Lafer, Michael Wissing, Andreas Neubauer
Konzeption Design / Grafik: Michael Wissing, Sanna Andrée-Müller
Umschlaggestaltung: Sanna Andrée-Müller
© *Fotografie / Styling:* Michael Wissing
Fotoassistenten: Joss Andres, Yasemin aus dem Kahmen
Postproduktion / Bildbearbeitung: Joss Andres
Koch im Studio / Foodstyling: Andreas Neubauer
Begleitende Texte / Editorial: Wolfgang Hübner
Redaktion Rezepte: Andreas Neubauer
Lektorat: Katharina Lisson, München
Satz: Sanna Andrée-Müller
Reproduktion: CLX Europe, Augsburg
Druck und Bindung: Neografia, a.s. printing house, Martin

Printed in the EU
ISBN 978-3-8289-1415-5

2012   2011   2010
Die letzte Jahreszahl gibt die aktuelle Ausgabe an.

Besuchen Sie uns im Internet:
www.Weltbild.de

Johann Lafer finden Sie unter:
Johann Lafers Stromburg, 55442 Stromberg
Telefon: +49 6724 93100
E-Mail: stromburghotel@johannlafer.de
www.johannlafer.de

Alles für die gute Küche finden Sie unter:
www.johannlaferonlineshop.de